경남산문선 97

배 소 희
수 필 집

풀등의 꿈

돌출판 경남

author's note

작가의 말

작은 창으로 스며든 빛,
낯선 골목을 걷다 마주친 바람,
꽃잎으로 덮인 길,
사람의 목소리 속에 담긴 온기,
또 다른 문 앞에서의 서성거림,
잔잔하고 고요한 바다 물결의 스침,
다양한 변주의 결을 따라가면서,

그렇게 시작된 마음속 여정으로
숨결이 담긴 글을 쓰고 싶었습니다.

제 글이 누군가의 하루 끝,
한쪽 모퉁이에서
마음을 따스하게 해주는
작은 등불이었으면 좋겠습니다

항상 곁에서 동그라미로 서서 마주 보며
걸어가는 가족의 이름을 가만히 불러보고 싶습니다.
배영, 준수, 소영, 다은, 상수, 민주 시훈, 지원, 민진
늘 사랑하고 고맙다는 말 전하고 싶습니다.

차례

작가의 말 • 2

PART 1 ──
풀등의 꿈

풀등의 꿈	• 10
길의 내력	• 15
좋은 만남	• 21
또 다른 문을 열며	• 25
기억의 다락방	• 31
새벽빛을 마주하다	• 35
당신을 만나기 전에	• 41
엄마의 봄	• 45
가만히 다가가며	• 48
그때 그 사람	• 52
봄 같은 사람	• 57

첫 점을 찍는 일	• 62
결	• 67
가을의 화음	• 71
뜸을 들인다는 것	• 75
노을 길에 서서	• 79
행간의 의미 찾기	• 84
비집중 시간을 위하여	• 89
동행	• 94
이 아름다운 날에	• 100
시간의 두께	• 104
졸업, 머무르고 싶었던 시간	• 108

——— PART 2

시간의 두께

PART 3
기록의 힘

그녀의 집 • 114
이중섭의 편지 • 117
기록의 힘 • 122
시간을 품은 그림,
모네의 〈수련〉 앞에서 • 127
흰 바람벽을 보며 • 132
고흐의 구두를 보며 • 136
만추, 단풍보다 고운 시를 만나다 • 140
봄, 선율에 담은 아버지를 보다 • 146
어린 왕자를 기다리며 • 150
미소를 잃지 않는 일 • 154

보이지 않는 것 너머의 빛	• 160
벼 익는 소리를 듣는 사람들	• 166
마음의 섬, 지심도	• 171
환상의 섬 연화도	• 176
남해 가는 길	• 181
서북산 탄흔을 찾아서	• 186
그날의 봄맞이	• 191
AI, 시가 노래가 되어	• 195
봄빛에 취하다	• 199
아름다운 준비	• 204

──── PART 4

보이지 않는 것 너머의 빛

PART 1
풀등의 꿈

풀등의 꿈 | 길의 내력 | 좋은 만남 | 또 다른 문을 열며 | 기억의 다락방 | 새벽빛을 마주하다 | 당신을 만나기 전에 | 엄마의 봄 | 가만히 다가가며 | 그때 그 사람 | 봄 같은 사람

PART 1

풀등의 꿈

    풀등과 속등을 처음 만난 작년 가을날이었다. 바다의 모래섬 근처 윤슬 반짝이는 잔물결이 유난히 마음을 설레게 하였다. 빛의 점들이 수평선을 따라 반짝이며 하나의 길처럼 보였다. 바닷길이었다. 썰물 때 드러났다가 밀물에 사라지는 넓은 모래섬인 풀등은 아미산 전망대에서 처음 보았으며, 다대포 바닷속 모래섬인 속등 이야기도 듣게 되었다.

    망원경으로 들여다보고 있는 나에게 해설사 선생님이 다가와 풀등 이야기를 자세히 들려주었다. 전망대에서 바라보이는 여러 개의 넓은 모래섬 이야기였다. 낙동강과 만나는 다대포 바다의 모래와 흙이 만드는 모래톱 이야기를 들으며 한참 동안 설렘과 떨림을 느꼈다. 밀물 때는 잠기고 썰물 때 드러나는 모래섬이 마치 바다의 신기루 같다고 한다. 모래와 흙이 쌓이면서 해수면 위로 드러나는 모래언덕의 이야기는 점점 마음속에서 울림으로 번졌다.

  모래가 밀려와서 바닷속에 쌓여 있다가 오랜 시간이 지나면 나지막한 모래언덕이 된다고 한다. 우리가 바라보고 있는 막막한 바다 아래에서 백여 년간 쌓인 모래섬이 언젠가 바다 위로 올라올 것이다. 우리 눈앞에 보이는 것은 파도치는 바다인데, 우리도 모르게 끊임없이 모래들이 쌓이면서 굳어진 모래섬이 바다에서 만들어지고 있다니, 경이로웠다.

  모래섬은 바닷속에서 길게 드러눕는 법을 먼저 배운다. 그래야 간조 때 드러나는 속등이 된다. 바닷가의 수면에 모래와 흙이 쌓이면서 해수면 위로 드러나는 모래톱은 파도나 잔물결이 부딪히는 모래섬을 만든다. 소의 잔등처럼 넓고 평평한 모양을 가지고 있어 속등이라고 한다. 속등은 썰물 때 드러나다가 밀물 때 잠겨버린다. 하지만 속등은 꿈을 가지고 있을 것이다. 언젠가 바다 위로 드러나 모래섬이 되고 풀이 자라는 풀등이 될 것이라는 소박한 꿈을. 풀등은 섬이 되고 마침내 뭍이 될 것이다. 속등은 시간의 흐름에 따라 새의 발자국, 바람의 소리, 파도의 물결무늬, 모래결 따라 갇힌 바람의 떨림도 빚을 것이다.

바다도 사람의 마음처럼 속마음이 있고, 사람에게도 속등이 있는 것 같다. 문득 하나의 그림이 떠올랐다. 탕자인 둘째 아들이 무사히 집으로 돌아오기를 기다리는 아버지의 마음을 그린 렘브란트의 그림이다. 〈탕자의 귀환〉을 보면 자식을 향한 아버지의 기다림과 사랑과 연민이 잘 나타나 있다. 밖에서 떠돌다가 집으로 돌아온 아들을 내려다보는 그림 속 아버지의 따스한 눈빛과 두 손, 조건 없이 아들을 품는 그림 속 아버지의 품은 마치 우리 시대 아버지 같았다. 그 아버지는 속울음을 울었던 속 깊은 사람이며 속등 같은 사람이었다.

모든 사람과 사물에는 보이는 것 너머 보이지 않는 긴 시간과 침묵이 있다는 것을 나이가 들어서야 알게 되었다. 얼마나 굳어져야 속등은 풀등이 되고 섬이 되고 뭍이 될까. 오랜 파도의 쓸림도 물결무늬로 단단해져 마침내 뭍이 될 것이다. 저마다 속등의 꿈은 다르겠지만 오랜 시간 침묵을 배우고 기다림을 배우며 안으로 자라는 법을 배워야 비로소 원하는 것을 이룰 수 있으리라. 아무도 몰랐던 바다의 속마음이며 속울음이다.

보이지 않는 속등은 지금도 자라고 있을 것이다. 파도와 찬 물결로 다져진 모래언덕의 꿈이 바다에서 자라며 꿈을 이룬 속등은 이름을 갖게 된다. 풀들이 자라는 풀등이 되고, 백합 조개를 품고 도요새를 부르며 백합등, 도요등, 새등이라는 이름을 얼마나 굳어져야 속등은 풀등이 되고 섬이 되고 뭍이 될까.
저마다 속등의 꿈은 다르겠지만 오랜 시간 침묵을 배우고 기다림을 배우며
안으로 자라는 법을 배워야 비로소 원하는 것을 이룰 수 있으리라.

가지게 된다. 그들은 서로 다독이며 어깨동무하며 나무들이 자라는 섬을 꿈꾸고 마침내 뭍이 되기를 원할 것이다.

물 발자국마다 조금씩 고이는 고요 너머 보이지 않는 속등. 그 속등마다의 꿈을 위하여 마음속 깊이 기원하고 싶다.

PART 1

길의 내력

 밤새 봄비가 내렸다. 그 길의 꽃잎이 걱정되었다. 며칠 전까지도 추위로 꽃망울을 채 열지도 못하다가 겨우 봄 햇살에 살포시 얼굴 내민 꽃잎이 밤새 내린 봄비에 졌을까 걱정이 되었다.
 기억이 뿌리내리고 있는 길을 만나러 집을 나섰다. 이제야 시작한 첫봄의 꽃길이다. 그 길은 늘 내 곁에 있었다. 생각나고 마음만 먹으면 가고 싶은 길이 집 가까이 있다는 것은 행복이라는 것을 나이가 들어서야 깨달았다. 언제든 가면 볼 수 있는 나무가 있고 길 끝에는 바다가 있었다. 일생 동안 벗어날 수 없는 그리움과 익숙함으로 스며든 길이다. 하지만 세월이 흐르면서 길이 하나씩 지워지고 길 끝의 바다도 사라지고 있었다. 곁에 있던 풍경들이 하나씩 지워진다는 것을 알고 난 후 나는 확인이라도 하듯 봄이 오면 그 길을 몇 번이나 갔다. 사라지는 것도 많았지만 무엇보다 좋은 것은 길가의 나무들이 무성하게 자라서 세월의 흐름을 말해주며 나의 기억도 자라는 길이 있다는 것이다.

  길은 내 시선의 끝에서 시작된다. 그 시선은 마음의 끝에서 만들어져서 길을 따라가다 보면 길의 뿌리를 만난다. 그곳은 무한한 공간으로 이루어진 장소이며 마치 나를 기다리고 있는 듯한 나무들의 모습이 목판화에서 본 듯하다. 시간의 지층 따라 그 길에 대한 기억의 지층도 쌓여 갔다. 그 길의 내력도 나무들의 나이테처럼 동그랗게 맴돌며 많은 이야기들을 담고 있었다. 그래서 결코 속도를 내며 달릴 수 없는 길이다. 천천히 가야 보이고, 가끔 쉬면서 가야 많은 것을 들을 수 있는 길이다. 날카롭게 패인 상처가 깊어 내 마음의 가장자리와 언저리 어디에선가 자리하고 있는 시간과 공간이 낯익음과 낯설음으로 다가왔다. 그러다가 이내 길 끝에서 위태롭게 서 있는 내 안의 혼돈과 우울과 슬픔으로 읽혔다.

  봄비는 꽃을 키우고 나무를 키우고 길을 단단하게 만든다. 내가 기억하고 있는 장소의 실증성의 하나도 길이다. 길은 사람을 부른다. 오래전 혼자 걸었든지 누구와 함께 걸었든지 발자국은 사라지고 끝없는 생각만 이어갈 수 있도록 기억의 무대를 제공해 준다. 가장 먼 추억을 고정시키는 것은 무의식의 힘이다. 무의식을 통해 추억이 불현듯 재생되고 기억 속의 사람과 길을 걷고 이야기를 나누게 된다. 마침내 무의식이 의식을 형성하고 길은 응축된 설렘으로 내게 다가오고 있었다. 우리의 심연에 남아 있는 기억과 호흡하며 스며들다 보면 실타래처럼 얽힌 기억이 한 올씩 풀어지며 길과 하나가 됨을 느낀다. 그러면서 길은 나를 위로해준다. 지난날 내 등을 토닥여주었듯이 세월이 많이 흐른 지금도 그날처럼 품어준다.

어렴풋하고 흐릿하게 그려져 있는 그림 같은 그리움이 어른거리는 길은 잊히지 않는 추억의 영역이기도 하였다. 나에게 이별의 색이 있다면 연분홍색이다. 벚꽃 잎들이 하르르 질 때, 사랑하는 엄마를 보내고, 좋아하는 친구를 보내고, 응석받이 어린 조카를 보내고 돌아오던 길이었다. 꽃비가 내리던 봄날, 엄마를 공원 묘지에 묻고 오던 길도 이 길이었고, 좋아하는 친구도 같은 길, 같은 계절에 보내고 왔다. 그리고 어린 조카의 유해를 바다에 뿌리며 한없이 울었던 길이었다. 연분홍 꽃비가 내려 내색할 수 없는 슬픔에 빠져 길가에 차를 멈추고 한참을 멍하게 나무를 바라보고 바다를 바라본 적이 많았다. 그 길은 슬픔의 길이었고 이별의 길이었다.

내 기억 퍼즐의 한 조각처럼 잃어버렸던 길이 하나씩 빠져나와 바람결에 메아리가 된다. 메아리는 메아리를 부르듯 길은 그날의 소리 없는 소란으로 가득 차 있다. 그러다가 다시 고즈넉해지고 도란거리는 이야기 소리와 노랫소리로 들려온다. 바람에 민감한 가지들과 나무 잎새들의 소리가 귓가에 스친다. 시간의 숨결을 타고 옮겨 다니는 잠든 벌레를 품고 있는 고목에는 지나간 시간에 대한 향수가 어리어 있다. 나만의 은신처 같은 오솔길이 나무들의 층계에 따라 길을 만들고 있다. 그 길은 과거 현재 미래로 이어져 있다. 말하고 싶은 길도 있고 말하고 싶지 않은 길도 있다. 단 한 획으로 지워질 수도 있고 아무리 지우려 애써도 지워지지 않은 마음의 길이 있다.

사람은 기억을 품고 사는 존재인 것 같다. 진정한 기억은 어떤 일을 망각하고 싶어도 그 틈을 비집고 스멀스멀 올라와 이내 현재의 평온을 흔들어 놓는 것 같다 그런 길이 이제는 품이 커져서 나를 품어주는 길이 되었다. 나무도 길도 뿌리가 깊게 뻗어 있어 단단해진 것 같다. 그러면서 내 인생의 길도 제법 단단하게 다져진 듯 작은 바람에도 잘 흔들리지 않는다. 지금은 이 길을 갈 때마다 나무들의 어떤 층계를 느끼는 순간이 있어 무척 좋다. 나무들의 층계가 울타리처럼 둘러쳐 있어 나를

이제 길은 이별의 시간을 순종하게 한다.
길이 세월에 단단해지듯 내 안의 슬픔도 다지다 보니
웃을 수 있는 힘을 길러주었다.

키워온 길 같아 포근하다. 나무들이 많이 자라서 터널처럼 된 벚나무의 길 속에 작아진 내 몸이 안온하게 안길 수 있어 길의 낡음과 맞닿을 수 있는 지금의 시간이 좋다. 이제 길은 이별의 시간을 순종하게 한다. 길이 세월에 단단해지듯 내 안의 슬픔도 다지다 보니 웃을 수 있는 힘을 길러주었다. 나의 심연에 남아 있는 기억과 합쳐져서 인생의 길처럼 삶도 깊어지는 시간이 된다.

  나는 지금 그 길을 가고 있다. 연분홍 꽃길인 가포 가는 길이다.

PART 1

좋은 만남

 우리는 살아가면서 많은 만남을 가진다. 일부는 스쳐 지나가기도 하고, 잠시 머물다가는 만남도 있지만 어떤 만남은 서로에게 선한 영향을 주면서 오래 지속된다. 아름다운 만남이란 단지 오래 알고 지내는 관계가 아니라 서로의 삶에 따뜻한 흔적을 남기며 성장하게 만드는 관계인 것 같다.
 오랜 시간 만나고 있는 모임이 여러 개 있다. 대부분 뜻이 같은 사람들이 함께 일을 하며 지속적으로 만나는 모임들이다. 모임의 목적이 같고 결이 같아서 오랜 시간 좋은 관계를 맺고 있다. 자주 만나지 않더라도 엊그제 만난 것처럼 친숙한 선물 같은 만남이 여럿 있어 참 좋다. 내가 좋아하는 한 모임에서 얼마 전 만남을 가졌다. 이 모임은 사회 각 계층에의 여러 사람이 모였기에 직업도 다르고 나이와 성별, 지역도 달라서 맞지 않을 듯하지만 시간이 흐를수록 퍼즐처럼 맞춰지고 있었다. 처음부터 구성원들이 추구하는 삶의 가치관과 방향이 같아서인지 아주 가끔 만나지만 언제나 잔잔한 편안함으로 다가온다. 생각해보면 모임을 오래 지속시키는 힘은 진심으로 대하는 마음인 것 같다. 같은 공동체에서 조건 없는 마음과 서로에 대한 배려, 깊은 신뢰 등의 보이지 않는 그림자 같은 마음이 쌓여야 모임은 가치를 갖게 되는 것 같다.

　좋은 인연은 운명이라고 생각했다. 그러나 시간이 흐르면서 운명이 아니라는 것을 알게 되었다. 좋은 인연은 마음과 노력의 결과였다. 같은 방향을 바라보면서 서로 진심으로 다가갈 때 비로소 아름다운 인연을 가지게 된다. 그리고 그 인연은 다시 서로에게 깊은 위로와 나눔을 주며 함께 가졌던 시간이 좋은 인연으로 이어진다는 것을 깨달았다. 진정한 인연은 힘들 때 망설이지 않고 손을 내밀어주고, 그 손을 잡아 줄 수 있는 관계의 끈으로 맺어지는 것 같다.

　진정한 관계는 서로에게 안정감을 준다. 사람과 사람이 만나면서 신뢰가 깊어지고 묵묵한 뒷모습마저 위로가 되는 모임은 속해 있는 사람도 성장하게 한다. 모임 속 개개인을 살펴보면

아름다운 만남이란 단지 오래 알고 지내는 관계가 아니라
서로의 삶에 따뜻한 흔적을 남기며 성장하게 만드는 관계인 것 같다.

내가 가지지 못한 선한 영향을 주는 사람들이 많아 사회 속 선한 순환으로 돌아가는 것을 볼 수 있다. 그들은 말없이 세상을 따뜻하게 밝히며, 누군가의 뒤에서 필요한 곳에 도움의 손길을 건네는 사람들이었다. 대가를 바라지 않는 봉사를 삶의 일부로 여기며 겸손한 마음을 가졌으며 한결같이 성실한 모습으로 살아가고 있었다. 그들의 봉사하는 마음의 공통점은 따스한 마음이 깃들어 있다는 것이다. 해를 거듭할수록 뿌리가 깊고 단단한 나무 같은 그들의 성장을 보면 곁에 있는 사람에게도 스며드는 것을 느낀다. 그것이 진정한 순환이 아닐까.

말없이 봉사하는 사람들과 함께 있으면 건강한 사회를 만드는 밑거름이 된다는 것을 알게 된다. 그들의 따스한 온기가 퍼지며 작은 힘 하나라도 보태려고 하는 사람들이 점점 늘어가는 것을 볼 수 있다. 봉사하는 마음도 작은 파장과 공명처럼 조용한 교감과 끌림으로 다가온다. 그저 곁에 있다 보면 평범한 말과 행동에 물들어가고, 마음 한켠이 따뜻해지는 깊은 인연에 감사한다.

좋은 만남에는 울림과 스며듦의 미학이 담겨 있는 것이 아닐까.

PART 1

또 다른 문을 열며

　우리는 얼마나 많은 문을 여닫으며 살아왔을까. 현관문을 나서며 가족들은 서로 인사를 한다. "다녀오겠습니다. 잘 다녀오세요." 이 문을 열고 나가면 다시 오겠다는 약속이며 무사히 오기를 기다리는 마음이 담긴 말이다.

　문이 있다는 것은 누군가의 삶이 깃들어 있다는 의미이다. 그래서 대부분 문은 언제나 닫혀 있다. 문을 열 때는 서로의 약속된 사람들만의 열쇠나 비밀번호로 공유한다. 문 안에 사는 사람들은 그들의 삶을 함부로 공유하거나 보여주지 않는다. 타인은 초인종을 누르거나 노크해서 그 문이 열리기를 기다린다.

　새로 짓는 아파트가 많아지고 건물이 높아지면서 지나가야

문은 공간과 공간을 이어주는 통로인 동시에 공간을 분리시킨다.
그래서 마음의 문을 여닫는 것이 쉽지 않은 것이다.
관계를 이어주는 것 같으면서 단호한 단절이 있기에
마음의 문을 열기가 쉽지 않다.

할 문은 많아지고 쉽게 들어가기가 힘들어진다. 건물 입구에서 사무실이나 집까지 가는 동안 많은 문을 만난다. 숨바꼭질하듯 이곳저곳 닫혀 있는 문을 통과해야만 비로소 우리의 삶이 있는 안식처인 집이나 목적지에 도착하게 된다.

  가끔은 내 집인데도 그 앞에서 비밀번호를 잊고 한참을 헤맬 때도 있다. 그래서인지 현관문을 열고 집에 도착하고 나서야 나만의 장소에 있음에 안도하며 진정한 휴식에 들어간다. 작은 집이든 큰 집이든 상관없이 집이 주는 안도감은 장소가 주는 진정한 쉼인 것이다. 가끔은 엘리베이터 문도 사람을 기다려주지 않는다. 분명히 현관문에서 사람의 발소리가 났음에도 재빨리 문을 닫고 올라가 버리는 사람도 있다. 야속해서 층수를 쳐다보면 꼭대기 층에 멈춰 서는 엘리베이터를 볼 때도 있다. 사소한 일에 가끔 화가 나는 자신을 책망하기도 한다. 그만큼 사람들은 혼자만의 공간에 있는 것이 점점 익숙해지는 것 같다. 공용의 공간이지만 자신만이 있는 공간에 남이 들어오는 것을 점점 싫어하는 것이 요즘의 현실인 것 같아 안타깝다.

  길을 걷다 보면 가게문 앞에 임대라고 붙여진 가게를 많이 본다. 우리는 그 모습을 보고 가게가 문을 닫았다고 말한다. 가게를 그만두었다고 말하기보다 문을 닫았다고 말하는 이유가 무엇일까. 우리 동네에서도 문을 닫은 가게가 점점 늘어났다.

문 안의 주인들은 어디 갔을까. 그들의 심정은 어떠할까 하는 걱정을 하면서 한 번도 내가 열어보지 않았던 가게의 문에 공연히 미안한 생각도 든다. 가장 기분이 좋은 것은 예전에 닫혔던 문이 활기를 띠고 새로운 문으로 단장하여 열리는 것이다. 새로운 간판과 깨끗이 단장한 문과 가게의 내부를 보며 새로운 문의 주인을 은근히 기다리는 마음이 된다. 공연히 내 마음이 들뜬다. 근처 거리에도 활기가 차며 이 문이 또다시 쉽게 닫히지 않도록 염원도 해본다.

문은 열고 들어가 보아야 장소를 알 수 있다. 문은 늘 열고 닫으며 많은 이야기를 간직하고 있다. 얼마 전 문이 닫힌 작은 가게에 인테리어 공사를 하는 모습을 보았다. 집으로 오가며 어떤 가게일까 궁금해서 며칠간 지켜보았다. 젊은 새댁인 듯한 두 사람이 밤늦도록 가게 인테리어를 하고 있었다. 활짝 열린 맑은 유리문 너머로 보이는 가게의 깔끔한 모습에 새 문은 반짝이며 으쓱해보였다. 나를 향해 웃고 있는 문의 모습을 보며 오랫동안 밝은 모습으로 유지하는 문이 되길 기원해본다. 걱정하지 말라며 내게 손짓하는 듯 웃고 있는 문을 보고 안심하며 집으로 돌아온 기억이 난다. 그러고 보면 문은 제대로 닫기 위해 있는 것 같다. 문을 닫는다는 것은 새로운 문을 여는 것이다. 이 가게는 아마 문을 제대로 닫기 위해 새로운 문을 연 것 같다.

  문은 장소의 존재이므로 문이 있다는 것은 살아 있는 장소라는 의미인 것 같다. 사람들에게도 개인마다 문이 있다. 빗장을 꼭 닫은 문, 누구나 드나들 수 있도록 편안한 문, 여러 개의 다양한 문, 누구에게나 활짝 열린 문 등 저마다의 문이 있다. 때로 그 문은 가게처럼 오랫동안 사람들의 발길로 닳아 부드럽게 잘 열려서 편안해진 문이거나, 닫혀 있다가 새로 단장하여 사람들을 맞이하는 문일 수도 있다. 여러 번 주인이 자주 바뀌어서 언제 또 바뀔 수 있는 문도 있을 것이다. 문은 공간과 공간을 이어주는 통로인 동시에 공간을 분리시킨다. 그래서 마음의 문을 여닫는 것이 쉽지 않은 것이다. 관계를 이어주는 것 같으면서 단호한 단절이 있기에 마음의 문을 열기가 쉽지 않다. 오늘도 우리는 현관문을 열고 나가서 많은 문을 여닫으며 집으로 돌아올 것이다. 많은 문을 만나며 살아 있음을 느끼며 내일의 다양한 문을 열기 위해 조용히 현관문을 닫을 것이다.

  문을 닫는다는 것과 문을 연다는 것 사이에는 삶의 변곡점이 있는 것 같다. 사람들이 변곡점에 서 있을 때 희망을 노래하고 싶어 쓴 시이다.

(…중략…)

문을 닫는다는 것은
또 다른 문을 여는 것이겠지요

마음을 다지고 다지다가
어느새 시간만 쌓였던 공간

시간의 무게만큼
어깨에 얹혀 있는
당신의 사랑이
침묵으로 남았네요

저 멀리서
문이 열리네요
또 다른 문이 기다리고 있네요

―〈변곡점·1-또 다른 문을 열며〉

PART 1

기억의 다락방

  우리에게 가장 익숙한 공간은 집일 것이다. 집은 많은 추억이 머물러 있고 안락함과 따스함이 깃든 곳이다. 집 안에 있는 다락방은 또 하나의 내밀한 장소이다. 공간은 작든 크든 많은 이야기를 지니고 있다. 나에게는 아련한 추억이 있는 다락방이 있다.

  중학교 2학년 때 부산에서 마산으로 이사를 왔다. 이사 온 집은 작은 마당이 있었고, 마당 우물 옆 치자꽃이 하얗게 웃으며 나를 반겨주었다. 부모님과 다섯 아이들, 일곱 식구 살기에는 좁았지만 부엌방에 딸린 다락방을 보자마자 내 방으로 얼른 점찍었다. 뒤돌아보니 삼각형의 천장과 작은 창이 있는 다락방은 내게 선물과 같았다.

  아버지의 사업이 번창할 때는 우리 식구만 모여 함께 밥을 먹은 적이 별로 없었다. 당시에는 친척들이나 이웃들이 머무르거나 놀러오는 경우가 많아서 늘 북적거렸다. 아버지는 부산에서 규모가 큰 제재소를 운영하셨다. 그런데 어느 날부터 원목이 들어오지 않고 제재소의 톱 소리가 멈추고 나서부터 사람들은 하나씩 떠났다. 우리도 부산을 떠나 마산의 작은 집으로 이사 왔다. 우리 가족만 옹기종기 모여 앉아 밥 먹고 텔레비전 보는 것을 철없이 좋아했다. 다른 사람 없이 오롯이 우리 가족만 있어 엄마랑 시장 가고 언니와 동생과 놀 수 있는 상황이 나는 좋았다.

  그러나 아버지의 사업 실패는 한창 예민한 사춘기 소녀에겐 또 다른 슬픔을 안겨주었다. 친했던 친구들과 느닷없는 이별을 겪었고, 새로운 환경에 적응하려 노력하기보다 차츰 말이 없어지고 속으로 움츠러들었다. 비가 오면 느리게 기어가는 달팽이처럼 다락방을 찾아 나만의 세계에 빠져들었다.

  전학 온 지 한 달 정도 지났을 때 수학여행 통지서를 받았다. 친구들과 아직 서먹한 상태였지만 수학여행을 가면 친해질 수 있을 것 같아 꼭 가고 싶었다. 가방에서 통지서를 꺼내는데 그때 엄마의 손가락에 오랜 세월을 말해주듯 움푹 패인 반지 흔적이 남아 있는 것을 보았다. 빈 반지 자국이었다. 순간 며칠 전 시장 가다 전당포 앞에서 머뭇거리던 엄마의 모습이 머리를 스쳤다. 엄마가 눈치 채지 않게 통지서를 구겨서 마당으로 나왔다. 우물가에 앉아 잘게잘게 찢으며 스스로에게 변명을 했다. "넌 아직 사귄 친구가 없어서 여행을 가도 재미없을 거야." 몇 번이나 되뇌며 스스로를 다독였다.

그날처럼 속이 상하거나 스스로 위로가 필요할 때 다락방에 올라갔다. 구석에 웅크리고 앉아 어둠 속에서 훌쩍였다. 부산 친구들의 얼굴을 떠올리다 편지를 쓰고 일기를 썼다. 내 마음을 공책에 끄적거리다 보면 어느새 기분이 나아졌다. 마치 어떤 공간에 감싸이듯이 들어 있을 때에 안온함과 평화로움을 느끼는 요나콤플렉스처럼 다락방은 내 사색의 장소이며 치유의 공간이었다.

힘든 상황에서도 희망을 잃지 않았던 것은 다락방이란 비밀의 공간에서 나만의 시간을 가질 수 있었기 때문이었다. 오로지 다락방에서만 느낄 수 있는 적막과 작은 공간이 주는 묘한 따스함이 나를 지켜주는 힘이 되었다. 그곳에서 나는 꿈을 꾸고 은밀히 그 꿈을 키웠다. 머리를 숙여 구부리고 들어가야 하는 좁은 곳이지만 막상 안으론 들어서면 내 생각의 날개를 활짝 펼 수 있는 넓은 지평이 되어 주었다.

나선형 계단으로 올라가면 채 풀지 못한 이삿짐 상자와 이불보, 꽂아 둘 곳 없는 세계명작전집과 한국문학전집이 구석에 쌓여 있었다. 책 속의 주인공은 나의 친구가 되어 주었다. 그곳에서 제인 에어와 테스, 캐서린, 데미안을 만나면서 그들의 이야기를 읽고 위안을 받았다. 때로는 비밀의 정원 세라도 만났고 릴케와 워즈워스의 시를 읽으며 나만의 시간을 보냈다. 밤이면 작은 창문으로 보이는 별과 창 가까이 다가오는 상현달을 바라보며 라디오 프로그램 '별이 빛나는 밤에'에 귀 기울다 잠이 들곤 했다.

나의 은신처이자 고독이 응축되어 있는 곳인 다락방은 나만의 이야기가 쌓인 작은 공간이었다. 그곳은 추억을 일깨우는 곳인 동시에 지금의 내가 있게 한 곳이다. 살아가면서 고향처럼 따스한 장소를 지니고 있다는 것은 행복이다. 지금은 작은 서재가 있지만 동그랗게 몸을 웅크리고 안온함을 누리던 달팽이 패각 같은 비밀의 공간은 없다. 불현듯, 아픈 기억이 담겨 있는 장소를 뛰어넘어 그 옛날 은신처이자 휴식처였던 작은 공간 하나 지니고 싶다는 생각이 든다. 새로운 이야기를 만들어 낼 수 있고 따뜻하고 평화로운 기억의 다락방 하나 만들어지길 상상해본다.

PART 1

새벽빛을 마주하다

　새벽 바다, 입으로 가만히 말을 하거나 듣기만 해도 가슴 설레는 말이다. 고즈넉한 설렘이다. 바다 멀리 수평선 아래 해를 품고 있어 아직은 울먹울먹한 갓난아기의 모습인 바다이다. 가만히 다가가면 눈 비비고 잠을 깨는 듯한 어린아이의 모습으로 나를 맞이해 준다.

　새벽빛이 나에게 말을 걸어오는 순간, 바다는 멀리서부터 잔물결의 반짝임과 새벽 윤슬의 그윽한 눈빛으로 반긴다. 바다는 나를 포근히 안아주고 부드러운 물결 소리로 귀속말을 해주며 작은 속삭임으로 말을 걸어준다. "이제야 왔니? 기다렸단다." 바다의 말인 듯 엄마의 말인 듯 잔잔한 물결 소리와 함께 들려주며 나를 안아주었다. 바다에선 내 작은 귀가 풀등처럼 봉긋

바다를 만난 것은 진정한 나를 만나는 기쁨이었다.
낯선 곳에서 낯익음을 만났고 어슴푸레 어둠과 밝음 사이에서
새벽빛과 바닷물이 스치는 모래밭의
부드러운 감촉의 진정함을 이제야 느꼈다.

솟고 있었다. 바다의 깊은 말을 듣고 싶어서인가 보다. 내 발등 위로 올라오고 무릎 위로 물결치는 바닷물의 부드러운 감촉에 온몸으로 바다에 안기고 싶은 새벽이다.

어딘가 깊은 곳에서 자신을 퍼 올리는 소리가 들려오는 것 같다. 날개를 접고 바람을 잠재우던 새들의 발자국들이 모래밭에 선명하게 찍혀 있고, 새가 떠난 자리에 새소리가 들리는 것 같다. 새들의 발자국 따라 나도 모래밭을 걸었다. 상형문자 같기도 하고 하트 모양 같기도 한 새 발자국 문양을 따라 걸었다.

왜 이제야 왔을까. 바다가 좋다며 해마다 바다를 찾아갔지만 허울뿐인 바다 사랑이었을까. 바다에 미안했다. 바다를 좋아하는 나는 매번 바다에 갈 때마다 찾아간 그 바다가 내가 좋아하는 바다인 줄 생각했다. 먼발치에서 바라만 보고 넓은 유리창을 통해 다가갔던 새벽 바다, 고작해야 해마다 일출을 본다며 해를 기다리며 많은 사람들 사이에서 무언의 의식만 하고 새벽 바다를 다 안 것처럼 만족했던 지난날이었다. 이렇게 직접 사람이 없는 새벽에 넓은 모래사장을 걷고, 바다의 속살을 만지고 맨몸으로 느껴본 것이 처음이라는 사실에 스스로 놀랐다. 비록 늦은 깨달음에 후회했지만 늦게라도 그를 느낄 수 있었고 속살을 만질 수 있음에 감사했다. 늦은 끝 사랑이기를 간절히 바란다.

먼바다 여명 속에 희뿌윰한 빛으로 깨어나고 있는 물결 속에서 두 손을 모으며 새벽을 맞이하는 내 모습이 믿기지 않았다. 현실과 꿈 사이에 있는 듯 한참을 맨발로 파도의 포말을 맞이하며 서 있었다. 아기가 엄마에게 안길 때의 포근함이 이럴까. 차가운 물결이 따스함으로 느껴질 때까지 한참 동안 바다를 바라보았다. 언제나 찾아갈 수 있는 자기만의 바다가 있는 것이 좋다고 어느 시인은 말했다. 난 이제야 그 비닷가를 찾았다.

 진정한 나만의 바다를 찾은 건 다대포에서였다. 바다와 따스한 포옹을 한 것은 여태껏 처음이었다. 바다의 속살을 직접 만지고 감촉을 느껴본 것도, 새벽 해조음과 간밤 새들의 숱한 발자국의 흔적 따라 걸어 본 것도 처음이었다. 집에 돌아와서도 바다가 그리워 앓다가 돌아오는 주말에 새벽 바다를 예약했다. 모든 약속을 뒤로한 채. 제대로 바다에 빠진 것이다. 제대로 바다 앓이를 하는 것이다.

 바다를 만난 것은 진정한 나를 만나는 기쁨이었다. 낯선 곳에서 낯익음을 만났고 어슴푸레 어둠과 밝음 사이에서 새벽빛과 바닷물이 스치는 모래밭의 부드러운 감촉의 진정함을 이제야 느꼈다. 발바닥을 통해서 올라오는 물결의 부드러움은 태아적 엄마 품에서 느꼈던 포근함의 오래된 기억이었다. 보드라운 모래 감촉은 부드러운 꽃잎을 스치듯 발바닥의 잎맥 하나하나의 감각을 깨워주는 듯 짜릿했다. 얼마나 오랜 시간 파도의 쓸림으로 이토록 모래가 부드러워졌을까. 어릴 적 해변가에서 아버지가 모래찜질 속의 발바닥에 간지럼을 태우던 기억이 어렴풋하게 났다. 그곳에는 어린 시절 엄마가 있었고 아버지가 있었고 까르르 웃는 가족의 웃음이 있었다. 그리고 지금 내 곁에 있는 가족의 미소와 함께 어우러짐의 조화였다. 이보다 더한 것을 바란다면 욕심이리라. 바다에서 나는 모든 것을 내려놓았고 그는 모든 것을 받아주는 것 같다.

그래서 늘 바다가 그리웠구나. 그냥 막연한 그리움으로 응석받이로 바라만 보았던 바다와 다르게 지금의 나는 온몸으로 바다를 받아들이고 만지며 조금씩 바다에 빠져들었다. 새벽 바다에 서서야 비로소 나의 새벽을 보았다, 그리고 바다의 물결을 온몸으로 느끼고서야 깨달았다. 나뿐만 아니라 사람들마다 품고 있을 작은 해를 조금씩 밀어 올려 저마다 아름다운 새벽이 되었으면 좋겠다는 바람도 가져본다. 곧 떠오를 해가 있어 은밀한 기쁨을 누릴 수 있어 좋지만 빛나지 않아도 여운으로 남을 새벽도 좋은 것 같다. 살짝 비껴 앉은 여유로움에서 본연의 나를 마주하고 있는 새벽이 좋다.

다대포의 새벽 5시. 희미한 빛으로 새벽이 깨어나고 있다. 동이 트나 보다.

PART 1

당신을 만나기 전에

　우리는 어떤 사람을 만나면서부터 관계가 시작된다. 너와 나로 시작한 관계가 우리로 진전되면서 나의 행복이 아닌 당신의 행복을 위해서라는 관점으로 바뀌게 된다. 그런 관계가 남자와 여자 사이라면 연인으로 진전될 것이고, 친구 사이라면 진실한 친구로 오래 지속될 것이다.

　죽을 때까지 자신의 곁에서 함께 있어 주는 사람은 누구일까? 남편이든 자식이든 친구이든 아픈 고통 속에서 아무런 부담 없이 손 내밀면 언제나 달려와 주고, 얼굴을 마주 비비며 진정으로 울어줄 사람을 손꼽아 본다면 몇 명이 될까.

　〈미 비포 유Me before you〉라는 영화를 보았다. '당신을 만나기 전에' 혹은 '내가 나로 산다는 것' 등의 의미로 번역한다. 영화가 끝났는데도 자리에서 일어설 수 없었다. 영화의 여운이 길게 가슴을 울렸다. "날 최대한 작게 생각해요 그저 잘 살아요 잘 살아요."라고 여주인공에게 말하는 남자 주인공의 멘트가 영화관을 빠져나오는 내 귓속에서 속삭였다.

만능 스포츠맨이며 젊은 사업가였던 남자 주인공 윌은 불의의 사고로 어깨 아래 전신이 마비돼 존엄사를 준비한다. 윌은 불의의 사고를 당한 후 고통을 견디는 것 외에는 아무것도 할 수 없다는 점과 다치기 전의 삶을 그리워하며 마음의 문을 닫는다. 그리고 자신이 느꼈던 인생의 기쁨을 앞으로 결코 느낄 수 없다는 점을 이유로 존엄사를 선택하게 된다.

윌은 열심히 사는 것이 삶에 대한 의무이지만, 행복을 위해 죽음을 선택하는 것도 삶의 한 방법이라고 역설적으로 말하고 있다. 6개월 동안 임시 간병인으로 온 루이자의 지극한 사랑도 아랑곳하지 않고 죽음을 선택한 윌을 이해할 수 없었다.

윌이 이별을 준비하는 사이 루이자와 사랑에 빠지게 되지만 결국 자신의 인생은 아니라며 죽음을 선택한다. 영화를 보는 동안 윌과 루이자, 윌의 엄마, 윌의 아버지 등 각각의 입장에 서서 존엄사에 대해 깊이 생각해보았다.

존엄사는 인간으로서 지녀야 할 최소한의 품위를 지키면서 죽을 수 있게 하는 행위를 말하며 소극적 안락사라고도 한다. 존엄사는 죽음의 권리라기보다는 살아온 삶에 대한 예의일지도 모른다. 한 사람이 걸어온 길, 그 모든 기억과 사랑, 웃음과 눈물에 대한 마지막 존중이 존엄사라는 이름으로 불리는 것이 아닐까.

같은 아픔에 대해서 사람들은 저마다 다르게 대응할 것이다. 윌처럼 자신의 행복을 위해 존엄사를 선택하는 사람도 있을 것이고, 마지막까지 병마와 싸워 이겨서 많은 이들에게 감동을 안기는 이도 있을 것이다. 자신에게 닥친 상황에 대응하는 방식과 자신이 중요시하는 삶의 의미도 다르기 때문에 영화가 끝날 무렵 주인공의 선택을 탓할 수는 없었다.

이 영화는 존엄사라는 문제를 깊이 생각하게 한 영화였다. 영화에서 존엄사도 다루었지만 삶의 새로운 변화와 가능성도 제시해주며 관객들에게 작은 위로도 주었다. 또한 우리가 어떻게 살아가야 하며, 어떤 마음 자세로 죽음을 맞이해야 하는지를 진지하게 생각하게 해 주었다. 우리의 인생에서 잘 살기Well Being와 잘 죽기Well dying에 대한 생각과 삶의 성찰을 보여 주었다. 누군가에게 도움의 손길을 주던 자신의 삶이 누군가의 손길을 필요로 하는 존재로 변해 있다면 그 사실을 인정하기에는 쉽지 않을 것이다. 또한 이 영화는 로맨스 특유의 재미도 주고 감동적이고 울림을 준다. 우리에게 진정한 가족이 무엇이며, 우리의 삶과 인간의 본질에 대해 생각해보는 작품이다.

'당신을 만나기 전의 나'의 진정한 당신을 찾아가는 여행을 하였으면 좋겠다. 책 속에서도 만날 수 있을 것이며 지금 곁에 있는 사람 중에도 있을 것이다. 윌의 말처럼 열심히 사는 것이 삶의 의무라면 희망을 가지고 열심히 살아보는 것이 좋지 않을까.

PART 1

엄마의 봄

집을 나서는 길에 하얀 꽃망울을 터뜨린 목련나무를 보았다. 잠시 걸음을 멈추고 하얀 꽃망울과 어우러진 파란 하늘을 보았다. "아 봄이구나." 문득 꽃을 좋아했던 엄마가 생각났다. 봄을 좋아한 엄마는 봄꽃이 하르르 지는 봄날에 먼 곳으로 떠나셨다.

문인들의 작은 행사가 있는 토요일이었다. 행사를 마치고 가벼운 발걸음으로 몇몇 문인들과 차를 마셨다. 오랜만의 만남에 여유가 있어서인지 그녀들과 서로 안부를 물으며 대화가 길어졌다. 그동안 서로 바빴고 코로나로 대부분 눈으로만 인사했던 우리는 봄이라는 계절과 따스한 봄 햇살로 마음이 편안해졌는지 대화가 길어졌다.

어느새 머리카락이 희끗해진 그녀들이 그동안의 근황을 이야기하면서 빠져든 것은 손녀를 키운 이야기였다. 몇 년 전에 결혼한 딸들이 손자 손녀를 낳아 서울로 가서 돌봐주었거나 마산으로 데려와서 돌봐 준 이야기였다.
 무엇보다 놀라운 것은 자신의 몸도 건강하지 않아 병원에 다니면서 아픈 몸임에도 딸을 위해 손자들을 돌봐주러 꾸준히 다녔다는 것이다. 자신들도 힘들지만 딸이 더 힘들까 봐 자신의 건강을 뒤로하고 한 달에 절반은 딸 집으로 가서 손자를 봐주고 와서 자신은 병원에 가서 치료를 받는다고 한다. 요즘은 대부분 맞벌이 부부들이 많으니까 자신은 힘들지만 맞벌이하는 딸을 위해 도와주지 않을 수 없다고 다들 말한다. 엄마이니까 할 수 있다고 한다. 여자는 약하지만 어머니는 강하다는 말이 있듯이.
 딸 집에서 혼자서 손자 돌보다가 결국 부부가 딸 집 옆으로 이사까지 가서 손자 손녀를 봐주러 떠나간 이웃이 생각났다. 우리 사돈도 손녀를 돌봐주다가 협착증까지 걸려 수술받고 지금도 손녀를 봐주고 있다. 일이 많은 나는 늘 그런 사돈에게 미안한 마음을 가지고 있다. 나는 일주일에 한 번 정도 봐준다고 하자 그녀들은 아들 가진 나보고 부럽다고 하지만 나도 막내딸이 있어 막내딸의 아이를 봐줄 때까지 건강하기를 바라는 것이

요즘의 소원이다.

  그녀들의 희생적인 이야기를 들으며 문득 친정 엄마가 생각났다. 엄마는 아들 둘이 있는 내가 시가에서 분가하자마자 집에 매일 오셔서 손자들을 돌봐주셨다. 창원에서 버스를 타고 신마산에 살고 있는 우리 집에 오셔서 아이들을 목욕시켜 주고 간식을 챙겨준 엄마였다. 지금 생각하면 그 당시 당신 건강도 많이 좋지 않으셨던 것 같았는데 딸인 나를 위해 힘든 내색도 하지 않고 아이들이 어느 정도 자랄 때까지 집에 와서 손자들을 돌봐 주신 것이다.

  세상의 모든 엄마는 우렁각시 같다. 우렁이는 알이 깨어나면 자신의 살을 먹여 새끼를 기른다고 한다. 새끼는 어미 우렁이의 살을 파먹고 자라나고 혼자 움직일 수 있을 때쯤이면 어미 우렁이는 자신의 살이 모두 없어져 껍질만 남아 물 위에 동동 뜨게 된다. 껍질만 남은 우렁이는 흐르는 물살에 아무 말 없이 떠내려간다고 한다. 자신의 살을 녹여내어 자식들에게 영양분을 주는 엄마의 사랑은 진정한 사랑이며 무조건 사랑인 것이다.

  봄을 좋아했고 꽃을 좋아했던 엄마는 이제 곁에 없다. 아이들을 키우느라 힘들어할 때 "지금 이때가 인생의 봄날이란다." 말씀하셨던 엄마는 먼 곳으로 떠나가셨다. 강물 따라 우렁각시처럼 떠내려간 엄마가 무척 그리운 봄날이다.

PART 1

가만히 다가가며

    당근을 씻다가 문득 환경과 생명에 관한 사물을 그리는 화가가 생각났다. 내가 씻고 있는 싱싱한 당근이 아닌 오래 방치하여 싹이 나거나 쪼그라져 먹을 수 없는 당근 그림을 다양하게 그린 그녀의 전시회에 다녀왔다. 서울에서 30여 년 전부터 활동하며 수십 번의 전시회를 하였지만 못 가서 늘 미안한 마음이 들었다. 그래서 서울 갈 기회를 애써 만들어 우리 부부는 그녀의 전시회를 처음 보러 간 것이다.
    많은 전시회를 보았지만 그녀의 전시회는 소재와 주제, 이색적인 아이디어가 돋보인 그림들로 전시되어 경이로웠다. 그동안 시간의 여유가 없어 그녀의 전시회를 처음 온 것이 무척 미안했다. 그녀는 남편이 어릴 때부터 친한 친구의 부인이었다. 손수 그녀가 만든 작품도 선물 받았다. 그림이 아닌 그녀가 손바느질로 한땀 한땀 만든 여러 개의 당근 작품이 내가 늘 볼 수 있는 장식장 위에 놓여 있다.

하이데거는 사물과 사물의 존재는 다른 것이라고 말한다. 그녀의 당근 역시 우리가 먹는 식재료에서 벗어나 있음을 증명하는 하나의 사물인 것이었다. 그녀에게 당근이라는 사물은 음식 재료가 아닌 당근이라는 존재 자체를 드러내고 있는 것 같았다.

내가 왜 당근을 소재로 그림을 그리게 되었냐고 물어보았다. 그녀는 흔쾌히 내게 말해 주었다. 그림을 그리던 어느 날, 베란다에 당근들이 쪼그라져 있어 버리려고 했는데, 가느다란 하얀 실 같은 싹들이 당근 여기저기 올라오고 있는 모습을 보게 된 것이다. 그 당근들을 자세히 보면서 생명을 느끼게 되었다고 한다. 오래 당근을 방치해 둔 자신이 미안하기도 했지만 그녀는 당근으로부터 어떠한 생명력을 느끼게 되면서 당근을 소재로 한 그림을 몇 년간 그렸다고 한다. 그 당시 자신도 잠시 작품에 대한 고민을 많이 할 때였는데 보잘것없이 버려진 당근을 보며 많은 위안과 힘을 얻었다고 한다.

그녀의 작품을 보면 그림에는 그리는 사람의 수많은 생각이 담겨 있다는 것을 알게 된다. 베란다에 오랜 시간 방치되어 썩었다고 생각한 당근이 썩지 않고 "나 여기 있어요"라며 자신의 존재를 알려 준 것 같다고 한다. 당근은 그녀의 손을 통해 삶의 궤적을 보여주고 새로운 사물로 탄생하여 전시회를 빛나게 한 것 같았다. 당근이 그저 하나의 사물을 드러내는 것이 아닌 현실의 세계에서 볼 수 있고 겪을 수 있는 삶의 흔적을 드러낸다는 사실에 나는 그림 앞에서 발걸음을 멈추었다.

 모든 예술은 숨겨진 존재의 모습을 드러내는 것 같다. 보이지 않는 것을 볼 수 있고 들리지 않는 소리를 들어서 은폐된 사물의 존재를 말하는 것이 진정한 예술의 힘이 아닐까.

 생명이란 이토록 작고 보잘것없이 버려진 곳에서도 이어 나간다는 것을 알려주는 것 같다. 힘겨워하는 사람들에게 버려진 당근이나 고구마·감자의 싹을 보며 생명을 느껴보자고 말하고 싶다. 우리 곁에는 우리와 시간을 함께한 물건들이 많을 것이다. 사물은 그저 우리 앞에 놓여 있는 하나의 사물을 뜻한다고 한다. 물건마다 오랜 추억을 가진 것도 있을 것이지만 선뜻 버리지 못해 서랍 속에 방치해 둔 물건도 있을 것이다. 그냥 버리고 마음 하나 주지 않으면 하나의 사물에 불과할 것이다.

 그런데 유난히 눈길이 가고 마음이 가는 물건이 있다면 그 물건은 우리에게는 의미 있는 존재가 될 것이다. 마치 김춘수 시인의 시처럼 이름을 불러주면 나에게 와서 꽃이 되듯이 무의미한 존재가 의미 있는 존재가 될 것이다.

하나하나의 물건마다 사물이 아닌 사물의 존재를 드러내는 것이라고 말하는 하이데거를 생각하며 그녀의 당근을 가만히 바라보는 여름날의 오후이다.

PART 1

그때 그 사람
―큰 나무와 같은 사람들

 누군가의 기억에 남아 있는 사람은 과연 얼마나 될까?
 살면서 어떤 사람을 만나느냐에 따라 인생의 전환점이나 그 사람의 인생에 큰 영향력을 미친다는 것을 느낀다. 지금 현재의 '나'라는 사람이 있기까지 많은 사람을 만나서 영향받은 것 같다. 그중 선한 영향력을 받아서 지금까지 살아오는데 내 인생에 많은 도움을 준 그때 그 사람들이 떠오른다.
 '그때 그 사람들'을 떠올리면서 내 머릿속은 타임캡슐에 넣어둔 기억을 하나씩 소환하고 있었다. 그리운 추억과 함께. 예전의 내 모습이 흑백영화처럼 영상들이 끊어졌다 다시 이어지면서 흐르고 있었다. 그리고 그 시절 친구들과 함께 떠오르는 선생님이 생각난다. 유난히 우리에게 사랑을 베풀어 주시고 친구들과 가장 함께한 시간이 많았던 6학년의 담임 선생님. 얼굴은 기억날 듯하면서도 잘 나지 않지만 항상 웃는 얼굴의 그분과 함께한 시간은 어제의 일처럼 선명하게 다가온다.

일요일 아침마다 초등학교 6학년 우리 반은 선생님의 부탁으로 초등학교 근처에 있는 공원으로 소집되어 공원의 숲길을 걸으면서 우정을 나누는 시간을 가졌다. 일요일 아침마다 상쾌한 공기를 마시며 숲길을 걷거나 공원 앞에서 배드민턴을 치도록 하셨다. 선생님은 가끔 사모님과 함께 유모차에 아기도 데리고 나와서 함께 시간을 즐겼다. 단란한 가족의 모습이 아직도 눈에 선하다. 요리도 잘하셔서 실과 시간에 도넛을 만들거나 과일 샐러드를 만들어 함께 나누어 먹는 모습을 보고 다른 반 친구들이 우르르 몰려와 창가에 붙어서 부러워한 시선들도 생각난다. 어린 시절 책을 많이 읽어야 한다며 고전 읽기반에서 많은 고전을 읽도록 하신 선생님이다. 지금 생각하면 그 선생님은 무척 행복한 결혼생활을 하시면서 항상 책을 가까이하는 멋진 할아버지가 되어 있을 것 같다.

두 번째 기억나는 그때 그 사람은 중학교 국어 선생님이다.

중학교 2학년 부산에서 마산으로 전학 왔을 때 선생님은 국어 시간에 내 이름을 부르며 책을 읽으라고 하셨다. 글을 또박또박 잘 읽는다며 칭찬하시며 전학 와서 서먹한 환경에 놓인 나에게 친근감을 주셨다. 학교에서 열린 백일장에서 상을 받던 날 선생님은 나에게 시인이 되라고 하셨다. 나는 그 당시 많은 문학책을 읽으며 사춘기를 잘 보냈던 것 같다. 그때의 영향으로 나는 지금의 작가가 된 것이다. 나에게 시인의 꿈을 키워준 그 선생님이 보고 싶다. 나의 첫 시집을 전달하며 선생님 덕분으로 글을 쓰는 작가가 되었다며 늦게나마 인사드리고 싶다.

세 번째 생각나는 사람은 고등학교 때 만난 큰스님이다. 당시 나는 집 근처에 있는 절의 학생회 회원이었다. 학생회에서는 일요일이나 법회 때 설법을 듣고 불경 공부를 해왔다. 행사 있을 때마다 연꽃등을 만들고 작은 책도 출간하면서 편집하는 일도 맡았다. 그렇게 불교 학생회 활동을 하였던 여고 2학년 여름방학 때 큰스님과의 인연은 잊을 수 없다.

그 당시 학생회에서는 충청도 단양에 있는 구인사로 수련법회에 참여하였다. 충청도라는 먼 거리와 일주일이라는 긴 시간임에도 불구하고 그곳에서 큰스님을 친견할 수 있다는 바람을 안고 학생회에서는 당시에 큰 결단을 내린 것 같다. 우리는 설렘을 가득 안고 기차를 타고 단양의 구인사로 향했다. 구인사에 도착해서 절의 큰 규모와 사람들의 기도 모습에 무척 놀랐던 기억이 난다. 철야 면벽 수양 때 졸음으로 죽비를 맞았던 기억 등 일주일 동안 불교 활동을 하면서 말로만 듣던 구인사의 실제 모습을 보았다. 수련회가 끝날 무렵까지 큰스님의 친견이 없어서 실망을 하고 짐을 싸고 있는데 갑자기 친견이 있다고 해서 우리들은 스님의 방 앞으로 모였다. 드디어 내 차례가 되었는데 스님께서 인자한 모습으로 가만히 바라보시다가 내 손을 꼭 잡아주셨다. 당시 아버지의 사업 실패로 나의 사춘기 시절은 주눅이 많이 들어 묵묵히 내 일만 하던 조용한 여고생이었다. 상월원각대조사님이신 큰스님은 내 모든 것을 다 알고 있다는 듯 지긋이 나를 바라보며 용기를 주셨던 같다. 구인사에서 돌아온 후 나의 내면은 단단해졌다. 등 뒤에 큰 나무가 서 있는 것처럼 살아가면서 든든했다. 지금까지 살아오면서 힘들 때마다 그분의 미소를 떠올리면 견딜 수 있었고 내가 언제나 웃으며 살아올 수 있었던 원동력이 되었다.

 돌이켜 생각하면 우리의 인생은 혼자가 아닌 것 같다. 곁에 있는 가족들은 물론이고 언제 어느 사람을 만났느냐에 따라 인생길이 정해진다. 내가 단란한 가정에서 작가의 길을 선택하여 지금까지 아무 일 없이 편안하게 살아온 것은 그 시절 그 사람들의 인연 덕분인 것 같다. 모두 큰 그늘을 가진 큰 나무 같은 사람들이다. 만난 사람들에게 선한 영향력을 받을 수 있고 다른 영향력을 받을 수 있겠지만 선택은 나 자신일 것이다. 선한 인연의 힘은 또한 선한 영향력을 줄 수 있으리라 믿는다. 문득 그때 그 사람들이 보고 싶은 가을 저녁이다.

PART 1

봄 같은 사람

따뜻한 봄 같은 사람이 있다. 그 사람은 그냥 좋은 사람이다. 처음에는 곁을 내주다가 정을 주고, 그러다 오랜 시간 서로에게 스며들다가 물들면 그냥 좋은 사람이 된다. 몇 번의 만남으로 그냥 주어지는 사이가 아니다. 많은 시간과 많은 만남 속에 선물처럼 주어지는 사람이다. 곁을 내준다는 것은 자신의 마음을 열어준다는 의미다.

긴 겨울을 견딘 여린 봄나물의 새싹이 움터서 단단한 흙을 이고 나오는 봄 같은 사람이 있다. 봄꽃처럼 수줍게 꽃망울을 열다가 환하게 웃으며 다가오는 사람이 있어 무척 좋은 봄날이다. 올해도 봄바람처럼 훈훈한 목소리로 만나자고 약속한 그녀

처음에는 곁을 내주다가 정을 주고,
그러다 오랜 시간 서로에게 스며들다가 물들면 그냥 좋은 사람이 된다.
몇 번의 만남으로 그냥 주어지는 사이가 아니다.
많은 시간과 많은 만남 속에 선물처럼 주어지는 사람이다.

였다. 약속 장소 근처 맞은편에서 온기를 품고 다가오는 그녀의 상쾌한 발걸음을 보았다. 우리는 동시에 손을 들어 서로를 확인했다.

"식당이 아직 문을 열지 않았으니 천천히 오라."고 문자를 보낸 그녀의 배려심에 다시 한번 그녀가 봄이란 걸 깨달았다. 우리는 늘 그랬다. 누군가가 일찍 와서 거리를 배회해도 "괜찮다, 천천히 조심해서 오라."며 기다림 속에서 가슴 설레는 사이다. 그녀는 근처 떡집에서 해쑥으로 만든 쑥떡과 쑥버무리를 샀다며 불쑥 한 봉지의 봄을 내게 건네주었다. 봉지 안에는 봄내음이 가득했다.

우리는 함께 왔던 길을 몇 번이나 걸어도 새로운 길을 걷는 것 같은 친구 사이다. 전화선을 타고 온 목소리와 마주 보는 눈빛만으로도 서로의 마음과 상황을 알 수 있다. 수채화 같은 봄날, 길을 걷다 작은 꽃집 앞에서 꽃망울이 달린 꽃나무를 보며 동시에 감탄사를 내며 마주 보며 웃었다. 앵두나무꽃, 팥꽃, 라일락 등 보라와 분홍의 봄꽃은 우리의 발걸음을 멈추게 하며 마음을 들뜨게 했다. 25여 년 전, 시공부 모임에서 만나 오랜 시간 서로를 있는 그대로 드러내면서 세월의 소리를 들을 수 있는 사이다. 엄마처럼 아무것도 바라지 않고 그냥 아무 말 없이 바라만 보고 곁에 있는 것만으로 좋은 사람이 있어 무척 좋다.

 따스한 봄 햇살 한 줌은 마치 곁을 내어주는 친구 같다. 창녕에서 온 그녀는 우포늪의 마름 같다. 마름은 별똥별처럼 생긴 열매가 늪으로 떨어지면 늪 속으로 비치는 해를 보며 자란다고 한다. 오랜 세월 동안 한결같이 밤맛을 내는 말밤 같은 그녀. 주변 사람들에게 자신의 곁을 많이 내어주면서 옆이 시리다는 것을 알면서도 여전하게 곁을 내어주는 사람이다.

 언젠가 겨울나무 앙상한 가지에서 만난 빈 새집이 생각났다. 새집은 어미 새의 몸짓이었다. 둥지를 안으로 둥글게 만들기 위해 암컷은 자신의 몸을 짓누르며 새의 둥지를 만든다. 어미 새는 새끼들이 홀로 거친 들판을 날아갈 때까지 새집의 풀잎 하나까지 소중히 지켰을 것이다. 새끼들이 날아가 다시 빈 둥지에 돌아오지 않더라도 어미 새는 안타까워하지 않을 것이다. 어미 새처럼 천천히 스며들어 오래 머무르는 법을 배웠다는 사람. 그녀는 내게 늘 둥근 삶을 보여준다. 동그랗게 동그랗게 숨을 쉬다가 자신도 둥근 소리를 낸다.

 그녀가 걸어가는 봄길의 노정이 늘 따스했으면 좋겠다. 봄 같은 그녀가 그냥 좋은 봄날 오후이다.

PART 2
시간의 두께

첫 점을 찍는 일 | 결 | 가을의 화음 | 뜸을 들인다는 것 | 노을 길에 서서 | 행간의 의미 찾기 | 비집중 시간을 위하여 | 동행 | 이 아름다운 날에 | 시간의 두께 | 졸업, 머무르고 싶었던 시간

PART 2

첫 점을 찍는 일

"첫 점을 찍는 일이 중요하다."

프랑스 일러스트레이터이자 창의예술가인 에르베 튈레는 말했다. 점을 찍지 않으면 무언가의 일을 할 수 없다고도 이야기한다. 그의 전시회를 보는 동안 여러 가지 다양한 색으로 표현된 작품을 보면서 순수한 동심의 세계에 빠져들었다. 점과 원으로 표현하고 구상한 작품에서 우리의 단순한 생각들을 다르게 볼 수 있거나 낯설게 다가오는 것을 느낄 수 있었다. 일상에서 늘 대하던 낯익은 사물들이 작가의 상상력으로 낯설게 말을 걸고 있었으며 획일화된 우리의 사고를 조금씩 변화시키고 있었다.

첫 점을 찍는다는 것은 무언가의 시작을 말하는 것이다. 점을 찍지 않으면 무언가의 일을 할 수 없다. 아이들이 점 하나를 찍는 순간 그들은 무에서 유를 만들어 내는 일을 시작하는 것이다. 그냥 점 하나이지만 그 점 하나가 움직이거나, 커지며 이야기가 시작된다. 시작에는 늘 망설임이 따르지만 그것은 용기이며 소중한 행위라는 뜻이다.

일을 만난다면 일의 시작일 것이고 사람을 만난다면 사람의 관계가 시작되는 것이다. 일의 만남과 사람과 만남의 시작은 잘될 수 있고 중간에 그릇될 수도 있다. 부정적인 마무리를 생각하면서 첫 점 찍기를 망설이거나 단념해서는 안 될 것이다. 점은 선을 만들고 그 선은 다양한 도형이 되고, 그 도형에 색을 입히는 것은 첫 점을 찍은 우리의 몫이기 때문이다.

7인조 남성 아이돌 그룹 방탄소년단의 현재를 예상하는 사람은 많지 않았다. 지금은 하나의 사회현상으로 여겨질 만큼 위상이 높아졌으며 'BTS현상'이라는 말이 나올 정도이다. 그들의 성공 이유는 많은 것들이 있겠지만 끊임없이 노력해서 얻은 실력과 소통, 열정 그들의 도덕적 의식 등이 객관적인 성공 요인으로 꼽히고 있다.

처음에는 나도 여느 어른들처럼 아이돌에게 관심이 많지는 않았다. 그런데 유엔 연설에서 "당신의 목소리를 내라."며 세계 청년들에게 던진 메시지를 들으며 조금씩 그들에게 다가가기 시작했다. 그러면서 그들이 직접 작사한 가사의 내용을 보면서 더욱 그들에게 관심을 가지게 되었다. 꿈을 꾸고 있지만 실행되지 않아 고민하고 있는 외로운 청년들의 마음을 위로해 주고 공감할 수 있는 메시지를 담고 있는 가사를 보면서 세계적 청년들의 마음을 움직였을 것이라는 생각이 들었다. 웸블리 스타디움에서 단독콘서트를 연 방탄소년단은 21세기 비틀즈라는 호칭까지 얻었다. 그들을 성공으로 이끈 사람은 그들에게 자유를 주고 내면의 이야기를 하게 한 대표뿐 아니라 그들 스스로의 노력과 주변의 많은 사람이었을 것이다. 노래로 많은 청년들에게 보이지 않는 위로를 보내는 그들에게 박수를 보내고 싶다.

하나의 첫 점을 찍은 것이 세계까지 도달한 수많은 점을 만들었으며, 그들은 이제 하나의 거대한 원으로 만들어질 것이다. 비록 본인이 찍은 점 하나가 크지 않더라도, 중간에 다른 그림이 만들어지더라도 또다시 점을 찍으며 청년들이 하얀 도화지를 채워 나갔으면 좋겠다. 자신만의 느낌을 다양한 방식으로 표현하는 에르베 튈레의 그림처럼, 단순하게 보이는 그의 원 모양 하나도 수차례의 반복 작업을 통해서 얻은 결과물이라고 한다. 종이를 찢거나 구겨서 만든 작품의 숲에도 그의 독창

점은 선을 만들고 그 선은 다양한 도형이 되고,
그 도형에 색을 입히는 것은 첫 점을 찍은 우리의 몫이기 때문이다.

적 상상력이 들어 있었다.

  그림 속 하나의 점에도 많은 의미가 함축되어 있듯이 우리의 삶이나 아이들의 삶도 함축된 점처럼 살아갔으면 좋겠다. 순간순간 첫 점을 찍으며 다양한 색을 칠하며, 때로는 종이를 찢고 구기기도 해가며 우리들만의 숲을 이루며 살아가는 모습을 기대해 본다.

PART 2

결

결이란 단어를 무척 좋아한다. 결이란 나무, 돌, 살갗, 비단 따위의 조직이 굳고 무른 부분이 모여 일정하게 켜를 지으면서 짜인 바탕의 상태나 무늬를 의미한다. 모든 사물에는 결이 있다. 사람도 저마다의 결이 있고 계절이나 바람, 비 등에서도 결이 있는 것을 느낀다. 겉으로 느끼는 결도 있지만, 속내를 느낄 수 있는 결들을 일상에서도 늘 만난다.

바람결, 숨결, 물결 등 같은 듯하지만 늘 다르게 느껴진다. 봄에 맞는 바람결과 가을에 부는 바람결이 다르고, 평화스럽게 잠든 아기의 숨결과 화가 난 사람의 거친 숨결이 다르다. 결이 너무 여려서 안쓰러울 때도 있고 때로는 거칠어서 힘들 때도 있지만, 사람이나 사물이 지닌 독특한 개성이 주어진 속성이 아닐까 싶다.

며칠 전 새벽시장에 갔다. 평소 눈에 잘 띄지 않던 도토리가 든 자루가 여기저기 보였다. 잠시 서서 '살까' 하고 망설이다 천천히 발길을 돌렸다. 그러면서도 아쉬워서 몇 번이나 뒤돌아보았다. 도토리묵을 좋아하지만, 집에서 묵을 만들 엄두가 나지 않아서였다. 고인이 되신 아버님이 유독 묵을 좋아하셔서 집에서 가끔 묵을 만들었다. 어머님께서 묵 만드는 법을 자상하게 가르쳐주셨지만, 도토리 껍데기를 까는 과정이 힘들고 묵을 만드는 과정이 번거로워 분가 후에는 한 번도 만들지 않았다. 그런데 요즘은 예전에 만들어 먹었던 음식들이 생각이 나서 시장에 가면 갈등이 많이 생긴다.

자루에 가득 든 도토리를 보니 문득 영양 두들마을의 상수리나무숲이 생각났다. 문학기행으로 두들마을에 갔을 때 가파른 절벽 위 상수리나무들이 울창하게 잎을 드리우고 있었다. 300년이 넘은 상수리나무는 정부인 안동 장씨가 손수 심었다고 한다. 장씨 부인이 상수리나무를 심은 까닭은 임진왜란과 병자호란을 겪으면서 궁핍해진 이웃들에게 도토리 죽을 끓여 나눠주기 위해서였다고 한다. 저녁 무렵 굴뚝 연기를 보고 어려운 이웃을 보살폈다고 한 정부인의 이야기를 듣고 우리 일행들은 숙연해졌다.

'참나무는 들을 보고 열매를 맺는다'란 옛말이 있다. 참나무는 상수리나무를 말하는데 흉년 들 듯하면 도토리를 많이 만들어 사람들이 굶어 죽는 것을 막는다고 한다. 실제로 쌀농사가 잘되면 도토리의 결실이 적고 흉년이면 도토리의 결실량이 많아진다고 하는데 이를 두고 학자들은 비와 관련된 기후 때문이라고 한다.

정부인 장씨 이야기와 참나무 이야기에서 결이 무척 고운 사람과 결 고운 나무를 만날 수 있다. 매년 하인들에게 도토리를 줍게 하여 하루에 300여 명분의 죽을 쑤어 나누어 주었다는 장씨 부인과 흉년일 때 더 많은 도토리를 열게 하여 사람들이 굶어 죽는 것을 막았다는 참나무의 이야기는 각박한 현실을 살아가는 우리에게 많은 것을 시사해준다.

남몰래 선행을 실천하고 자녀에게도 선행의 실천을 가르쳤다고 하는 장씨 부인은 오래전부터 나눔을 실천한 사람이었다. 자녀 교육에서도 "비록 글 잘한다는 소리가 들린다 해도 귀하게 생각하지 않고 착한 일 하나라도 했다는 소리가 들리면 아주 즐거워 잊어버리지 않을 것이다"라며 마음부터 먼저 닦을 것을 강조했다는 그녀의 마음결을 닮고 싶다.

요즘 사회에서 일어나는 비정상적인 일들에서 점점 거칠어가는 사람들의 결을 느낀다. 프로이트는 생애의 초기 단계가 성격 발달의 중요한 시기라는 것을 밝히고 있다. 13세 이전에 겪는 아동의 단계별 성적 욕구를 어떻게 충족시켜 주느냐에 따라 그 사람의 성격, 무의식, 성적 취향까지도 결정된다고 한다. 사람의 결은 후천적인 환경에서 많은 영향을 받는다는 것을 알 수 있다.

평생을 가난한 이웃을 위해 나눔을 실천하며 자녀 교육에서도 마음부터 닦으라고 당부했다는 장씨 부인인 장계향 선생이 지은 시에서도 고운 마음결이 드러난다.

> 창밖에 소록소록 비 내리는 소리
> 소록소록 그 소리 자연의 소리러라.
>
> 내 지금 자연의 소리 듣고 있으니
> 내 마음도 또한 자연으로 가는구나.

PART 2

가을의 화음

 가만히 입으로 불러본다. 가을!
 우리를 위로해 주는 듯 다정한 목소리가 입안에서 구른다. 가을은 뜨거운 여름을 묵묵히 보낸 모든 사물과 사람들에게 엄마처럼 다정하게 다가와 어깨를 감싸 안아주는 것 같다. 가을이 있어서 뜨거운 여름을 참을 수 있었을 것이다. 가을은 기다림과 설렘의 계절이다. 입추가 지나면서 창으로 선선한 바람이 불어온다.
 올봄에 얇고 연한 뿌리를 내린 과실나무와 방울토마토 등 묘목과 채소를 텃밭에 심었다. 갓 돋은 연한 뿌리가 조금씩 퍼지는 모습에 전율이 느껴졌다. 여름내 뜨거운 햇빛에 조용히 열매를 맺은 토마토와 블루베리를 보며 자연의 경이로움조차 느껴졌다. 보랏빛 작은 열매마다 알알이 응축되어 뜨거운 태양이 담겨 있는 듯해서 손길이 머뭇거려졌다. 봄과 여름을 인내로 견디며 조용히 익어가는 열매와 알곡의 겸허한 결실에 고개가 숙어진다.

내면을 충실히 하는 사람처럼 묵묵히 익어가는 열매들. 그리고는 아낌없이 다 주고 떠날 줄 아는 열매. 가을은 결실과 여백의 계절이다. 알찬 알곡과 단 맛이 고인 열매를 모두 내어주고 빈자리를 미련 없이 보여준다. 가을은 빈 들녘과 빈 나뭇가지로 채움과 비움의 미학을 여실히 보여주며 다가올 겨울을 맞이할 것이다. 마치 중년기에서 노년기로 넘어가는 우리들의 인생 행로를 보는 듯하다.

사람은 욕망을 포기하는 순간부터 성장한다고 한다. 더 이상 삶에 요구할 것이 없는 노년기에 이르면 욕망 없이 마음을 비워갈 것이라고 느끼지만 사람의 무의식은 욕망에 집중되어 있다. 그래서 어떤 사람은 나이가 들었다고 해서 욕망을 비운다고 볼 수 없다. 나이를 잘 든다는 것은 인생의 가을을 잘 보내는 것이 아닐까. 작은 것에 감사할 줄 알고, 일상의 소소한 행복을 느끼며 노년을 맞이하는 것은 가을에 알찬 열매를 맺은 과일나무의 모습과 유사하다. 낯선 세계를 동행하는 걸음보다

조용히 흐르는 가을 강 위에 낮게 엎드려 있는 외다리다리를
바라보며 저절로 고개가 숙어졌다.
진정한 가을의 의미를 되돌아보게 한 풍경이었다.

늘 다니던 걸음을 걷는 즐거움을 느끼며 사는 것이 삶에 의미를 더해주는 것이 아닐까. 가을을 닮은 사람처럼.

  사과 한입 베어 물자 입안 가득 가을이 들어왔다. 문득 지난 가을, 영주 무섬마을로 가던 길에서 만난 사과밭이 그립다. 빨갛게 익은 사과가 주렁주렁 달려 있어 우리의 눈길과 발길을 멈추게 했던 과수원 길을 걸었다. 겸허하게 고개를 숙이고 다가오는 나무마다 가을의 향기가 스며 있었다. 나뭇가지마다 사과는 우리를 가을로 물들이고, 우리는 한동안 가을이 되어 갔다.

  과수원을 지나 가을 강으로 갔다. 무섬마을을 둘러싸고 있는 내성천. 마을의 삼면을 감싸안고 흐르는 강 가운데 섬처럼 떠 있다고 해서 무섬마을이라고 한다. 마을의 외나무다리는 또 하나의 가을이었다. 옛 사람들의 숨결을 이어주는 듯 나지막한 외나무다리는 혼자서 지는 해를 맞이하고 있었다. 조용히 흐르는 가을 강 위에 낮게 엎드려 있는 외다리다리를 바라보며 저절로 고개가 숙어졌다. 진정한 가을의 의미를 되돌아보게 한 풍경이었다.

  가을은 이렇게 수수한 그림과 멋진 화음으로 우리를 더욱 겸허하게 한다. 우리를 스치는 시간이 때로는 머물고 싶은 순간으로 다가오며 말을 건넨다. 내 안에 있는 나에게 조용히. 가을이라고.

PART 2

뜸을 들인다는 것

　어린 시절 여름방학이나 겨울방학이면 시골에 있는 큰아버지 댁에 놀러 갔다. 할아버지가 돌아가시고 고향을 지키고 있는 친척들이 사는 곳이 경북 청송이었다. 부산이 고향이었던 나는 방학이면 설렘을 가득 안고 먼 거리의 청송으로 가서 방학을 보내고 오는 것을 좋아했다.

　여름이면 냇가에서 사촌들과 피라미 낚시하는 것을 지켜보면서 물놀이를 즐겼다. 냇가에 텐트를 치고 잡은 피라미는 숙모나 사촌 언니들의 손에 의해 피라미 튀김이나 피라미 생선찜으로 만들어져 야외 넓은 평상 위에 놓였다. 물놀이를 즐긴 후 친척들과 냇가에 둘러앉아 피라미 튀김을 먹거나 밭에서 갓 따온 과일을 맛있게 먹었던 기억이 아직도 선명하게 떠오른다.

　겨울 새벽이면 큰어머니는 부엌 아궁이 앞에 앉아서 장작불을 때며 밥을 짓고 계셨다. 무쇠로 된 큰 가마솥에 김이 날 때까지 장작불로 불 조절을 하고 있는 큰어머니 곁에 나는 살그머니 앉아 눈을 비비며 밥 짓는 모습을 지켜보곤 했다. 그럴 때면 큰어머니는 내게 미소를 지으며 옆에 앉으라고 자리를 마련해주셨다.

　"밥은 뜸을 잘 들여야 한단다."라고 큰어머니는 말씀하시며 아궁이에 타고 있는 장작불이 사그라질 때까지 잔불을 살폈다. 솥뚜껑이 혹시 삐뚤어져서 김이 새어 나갈까봐 솥뚜껑을 행주로 닦으며 바로잡는 큰어머니의 손길도 지켜보았다. 그 당시는 뜸을 잘 들여야 한다는 말의 의미를 알 수 없었다. 가마솥이 뜨거우니까 아궁이 불이 잦아질 때까지 기다리는 것이 뜸을 들이는 것이라고 어렴풋이 이해한 것 같다. 큰어머니는 아궁이에 남은 잔불에 고구마 몇 개를 구워서 내게 건네주셨다. 어둑한 겨울 새벽에 장작불 앞에 앉아서 호호 불며 먹었던 군고구마 맛을 아직도 잊을 수가 없다. 도시에 살던 나는 구수한 시골의 새벽 냄새를 무척 좋아했던 것 같다. 시골 내음은 그리움의 향기이다.

지금 생각해보면 뜸을 들인다는 것은 가마솥 안의 밥알 하나하나가 잘 어우러져서 충분히 무르익도록 하는 기다림의 여유였다. 또한 뜨거운 불길 속에서 쌀알들이 바글바글 끓다가 불길이 잦아들면서 맛있는 밥알로 되어가는 쉼의 시간이었다. 뜸을 들인다는 사전적 의미는 음식을 찌거나 삶을 때 불을 끄고 난 후에도 뚜껑을 열지 않고 한동안 내버려두어 속속들이 익게 하는 것이라고 한다. 뜸 들인다는 말은 '애가 탈 정도로 지체하다'는 부정적인 의미도 있지만, 나는 우리 삶에서의 뜸 들인다는 말은 '기다림' '쉼' 또는 '여유'라는 좋은 의미로 받아들이고 싶다.

내가 아는 지인은 결혼하고 40여 년간 자신이 좋아하는 일을 직업으로 하고 있었다. 그녀의 친구들은 대부분 퇴직을 하거나 취미 생활을 하며 여유로운 시간을 보내고 있었다. 그러나 그녀는 자신의 건강이 허락하는 한 자신이 좋아하는 일을 계속하겠다고 한다. 그런데 그녀에게 잠시 쉴 수 있는 얼마간의 시간이 주어졌다. 그동안 하지 못했던 여행도 가고 함께 많은 시간을 보내지 못했던 가족과 즐거운 시간을 보내고 도서관에게 보고 싶은 책들도 보면서 그녀의 인생에서 가장 여유로운 시간을 보내고 있다. 그녀는 비로소 자신만의 삶에서의 뜸을 들이고 있는 것이다. 뜨거운 불꽃에서 벗어나 잠시 불이 잦아들기를 기다렸다는 듯이 뜸을 들이면서 자신의 삶에서 윤기 있고 향긋한 향을 지닌 가마솥 안의 맛있는 밥을 짓고 있는 것이다.

  주변을 보면 열심히 앞만 보고 살아온 사람들이 많은 것 같다. 잠시 멈추어 서서 삶의 퍼즐 조각 하나하나에 뜸 들이며 은은한 향기를 안으로 품으면 좋을 것 같다. 무쇠가마솥 안의 압력과 여열처럼 삶에서도 쉼과 기다림으로 뜸을 들이는 것이 필요한 것 같다. 그러한 여유는 솥 안의 밥알마다 은근한 김이 스며들어 치밀하고 단단해지듯이 우리의 삶도 더 여물어지는 시간일 것이다.
  몇 걸음 떨어져 있으면 보이는 것들이 있다. 가까이 있으면 보이지 않는 것들이 조금 떨어진 거리에서 바라보면 객관화되어 보이는 것이다. 여행에서도 행복은 목적지가 아니라 여정인 것처럼 우리의 삶에서도 뜸을 들이며 사는 지혜가 필요한 것 같다.

PART 2

노을 길에 서서

 살다 보면 그럴 때가 있다. 일출을 보고 싶어 동해안 바닷가에서 수평선에 솟아오르는 해를 보며 소원을 빌었다. 아름다운 일몰을 보기 위해 뭔가에 홀린 듯이 서해안 변산반도의 격포 바닷가나 순천의 와온 바닷가의 노을 지는 모습을 보러 갔던 때도 있었다. 그러다 사는 것이 바빠서인지 노을을 보러 어디로 간다는 것은 잊고 지냈다. 특히 작년부터는 여행은 엄두가 나지 않았고, 노을을 보러 어느 특정한 장소에 간다는 것은 더욱 이루어 질 수 없는 일 같아서 까마득하게 잊고 지냈다.

 언젠가부터 우리는 익숙하지 않아야 할 상황에 자꾸 익숙해지며 그 시간에 슬픔조차 느낀다. 잠시 멈춘 듯했던 코로나바이러스19의 상황은 델타 바이러스 확산으로 지구가 다시 혼란에 빠졌다. 지구 곳곳에 일어나는 큰 산불과 긴 장마, 홍수 등의 기상 변화와 400여 년 만의 폭염은 사람들로 하여금 이상 기후에 대한 불안감에 휩쓸리게 하였다. 코로나19로 인해 모든 상황이 멈추었고 사람들은 지쳐갔기에 아름다운 자연 현상에서 받을 위로는 거의 기대하지 않았을 것이다.

그런데 올여름, 집으로 가는 길에 만난 아름다운 노을은 예상하지도 않게 발걸음을 몇 번이나 멈추게 하였다. 도시 한가운데서 무심코 본 아름다운 저녁 하늘은 예사롭지 않았다. 처음에는 어쩌다 한두 번 나타나는 자연 현상이겠지 하면서 애써 외면했다. 그러다 차츰 자주 눈앞에 보이는 환상적인 저녁 노을에 빠져 석양이 다 질 때까지 멍하니 하늘을 바라보는 일이 많아졌다. 집으로 가는 길에 만난 저문 하늘의 몽환적인 모습은 계속되었다. 차를 갓길에 세우고 다양한 하늘빛과 노을빛에 취해 순간의 아름다움에 빠지는 일이 잦아졌다.

'나만이 본 하늘일까'라는 의구심이 생겼는데 아니나 다를까 SNS에서는 전국 곳곳에서 관찰된 아름다운 노을을 찍은 사진들이 여기저기에 올라왔다. 보랏빛과 어우러진 붉은 노을의 다

저물어가는 하늘에서 멋진 노을빛으로 조금씩 스러져간다면
소멸과 인생의 슬픔이 내포되어도 좋을 것 같다.

양한 구름빛과 하늘빛. 대부분 사람들이 나처럼 노을의 아름다움을 이야기하고 있었다.

 지구가 몸살을 앓고 있는데 시치미를 뚝 떼고 아름다운 광경을 보여주는 하늘빛이 때로는 야속하기도 했고, 잠시라도 우리에게 위안을 주는 노을에 고마운 생각도 들었다. 노을은 햇빛이 수증기나 미세먼지 등 하늘에 있는 부유물질과 부딪치며 생기는 현상이라거나 먼지가 많을수록 더욱 붉은빛을 낸다거나 파장의 길고 짧음으로 보라색이나 푸른색을 낸다는 등의 천문학적 이론은 잠시 덮어두고 싶었다.

 저문 하늘을 인생길에 비유하면 중년에서 노년으로 가는 길일 것이다. 저물어가는 하늘에서 멋진 노을빛으로 조금씩 스러져간다면 소멸과 인생의 슬픔이 내포되어도 좋을 것 같다. 황홀한 도취와 덧없음과 함께 잠시 현실적인 것을 망각할 수 있도록 해주는 것 같아서 노을이 좋다.

　　길에도
　　바다에도
　　가래톳이 서는구나

발자국 위에

발자국이

걷다가 널브러지고

물 진 자리마다

칠면초 피어나는 갯가

붉은 집을 짓는 농게들이

석양을 지고

빈 집으로 들어간다

―〈다대포 노을길〉

  몇 년 전 다대포 바닷가 모래밭에 지는 석양을 보고 쓴 시이다. 모래밭에서 농게들이 석양을 지고 빈집으로 돌아가고, 어느 노부부가 붉은 노을 길을 따라서 다정하게 걸어가던 여름 저녁 풍경이 문득 떠오른다.

PART 2

행간의 의미 찾기

　주말 저녁 무렵 달콤한 설탕 단내가 창동 시내에 퍼지고 있었다. 늘 모퉁이에서 무료하게 손님을 기다리고 있던 수레의 아주머니는 달고나를 사려고 줄을 서 있는 사람들의 행렬에 피곤한 듯했으나 행복한 미소를 지으며 주문을 받고 있었다.
　달고나는 설탕 뽑기로 나에게는 추억의 먹거리였으며 놀이였다. 어린 시절 학교 앞 골목 어귀에 자리 잡고 있던 달고나 아저씨는 연탄불 위에 올린 국자에 설탕과 소다를 넣어 만든 달고나를 여러 가지 모형틀에 찍어 두었다. 가장 어려운 모양틀을 골라 바늘로 완성하면 큰 용이나 권총, 배 등 설탕 과자를 덤으로 주었다. 바늘로 세밀하게 모형 뽑기를 잘하는 나는 친구들과 설탕 과자를 나누어 먹었다. 하얀 실에 달려 있는 큰 설탕 과자를 내 손에 쥐는 순간 무척 기뻐했던 어린 시절이 생각난다. 지금 생각하면 달고나 아저씨는 큰 용의 설탕 과자를 자주 가져가는 내가 무척 얄미웠을 것 같다.

무궁화꽃이 피었습니다, 달고나, 딱지치기, 구슬놀이, 고무줄놀이, 땅따먹기, 오징어게임, 사방치기, 공기놀이 등은 추억의 놀이였다. 몸으로, 돌 하나로, 고무줄, 구슬과 딱지만으로도 즐거웠던 어린 시절 친구들과 어울려 재미있게 놀았던 기억이 난다. 저녁 무렵 밥 먹으러 오라는 엄마의 목소리는 놀이의 끝을 알리는 신호 같아 친구들이 헤어지기 아쉬워했는데, 지금은 정겹고 그리운 목소리로 남아 있다. 추억의 놀이 감상이 계속 영화에 몰입하게 만들었다.

우리의 기억 속으로 사라지는 한국의 전통 놀이를 게임으로 만들었다는 드라마가 보고 싶었다. 〈오징어 게임〉은 넷플릭스 세계 1위의 드라마이기도 했지만, 추억의 놀이가 어떻게 게임으로 전개되어 인기를 얻었는지 무척 궁금했다. 아들은 잔혹하다며 내가 보는 것을 만류했다, 하지만 추억을 불러일으키는 게임을 보며 그 시절 놀이를 함께한 친구들이 보고 싶어 추석 연휴에 몰아서 보기로 했다.

유난히 넓고 파란 하늘을 배경으로 노랑과 분홍색 옷을 입은

영희라는 친숙한 이름의 인형이 주도하는 '무궁화꽃이 피었습니다' 놀이가 시작되었다. 이어서 탈락이라는 말과 함께 피를 흘리며 쓰러져가는 사람들로 형세가 역전되었다. 어린 시절 즐겁고 행복했던 기억들이 여지없이 무너지는 첫 장면은 놀라움 자체였다. 절박한 사람들이 모여서 목숨 건 게임을 하는 놀이였다. 처음부터 충격적이었으며 점점 잔혹했지만 여러 가지 놀이와 게임의 다양함으로 드라마에 몰입이 되었다.

 감독의 의도가 궁금했고 결말이 너무나 궁금해서 밤새 몰아서 다 보았다.

 양극화된 사회의 단면을 보는 것 같고 잔혹하고 서글프기도 한 내용이었지만 사람 냄새가 나는 주인공 기훈에게 이끌려 마지막까지 보게 되었다. 그의 인간성이 끝까지 우리를 실망시키지 말았으면 하는 마음속 기원과 함께. 우리에게는 익숙한 놀이지만 세계인이 공감할 수 있는 내용으로 이끌었고, 단순한 놀이의 규칙이 문화적 장벽을 넘어 세계적인 인기를 얻은 것 같다.

 공포와 폭력과 웃음 속에서도 9화의 드라마 시청에 몰입하게 된 것은 드라마 행간 속의 의미 찾기 때문이었다. 먼저 한국의 전통 놀이라는 점에서 친숙함과 추억을 떠올리게 하였으며, 동화적인 공간에서 벌어지는 비극적인 상황에 뭔가 의미가 있을

아이들의 놀이를 통해 어릴 적 기억을 자극하지만,
영화가 주는 행간의 의미는 결코 유쾌하거나 단순하지 않은 것 같다.
이는 곧 약자를 억압하며 성장하는
자본주의 구조에 대한 비판적 은유이기도 했다.
우리 사회가 추구해야 할 것은 성공과 경쟁이 아니라
사람다움이며 사람의 존엄이 아닐까.

것 같았다.

 작품에 나오는 파스텔 톤의 색감과 구슬치기를 하는 옛 골목, 게임의 공간마다 주는 의미, 드라마 속 친숙한 배경 음악인 하이든의 협주곡을 비롯한 음률에 매료되었다. 그리고 드라마의 행간마다 다양한 사람들의 모습을 통해 극한에 처한 인간의 내면을 응시하고 있어서 시간 가는 줄 모르고 몰입하였다. 사람들의 눈빛과 감정이 담긴 표정, 짧은 말 한마디에 담긴 행간의 의미 찾기를 하면서 현 사회에 대한 날카로운 풍자를 읽어낼 수 있었다. 마지막 회를 보고 난 후에는 마치 드라마에서 의미 찾기와 숨바꼭질을 한 기분조차 들었다. 우리가 애써 외면하고 있었던 사회의 그늘을 냉혹하게 그려낸 영화였다. 아이들의 놀이를 통해 어릴 적 기억을 자극하지만, 영화가 주는 행간의 의미는 결코 유쾌하거나 단순하지 않은 것 같다. 이는 곧 약자를 억압하며 성장하는 자본주의 구조에 대한 비판적 은유이기도 했다. 우리 사회가 추구해야 할 것은 성공과 경쟁이 아니라 사람다움이며 사람의 존엄이 아닐까.

PART 2

비집중 시간을 위하여

얼마 전에 오롯이 나를 위한 시간을 가질 기회가 있었다. 좋은 기회를 가진 다음, 일주일 동안 머리에서 떠나지 않는 그림으로 행복했다. 그 후 오디잼을 만들고 보리수 열매로 효소액을 만들며 효소가 발효되는 시간이 나를 발효하는 시간이 되었으면 하는 염원도 함께 봉했다.

아침부터 장맛비가 내렸다. 내리는 비를 보며 후배와의 약속이 걱정되었다. 그날은 아는 선생님의 초대로 농장에 가기로 한 날이었다. 농장에서 각종 열매도 따고 나물도 캐기로 했는데 빗속에서 할 수 있을까 걱정이 되었다. 후배는 우비 입고 열매를 따자고 하여 우비도 준비했다. 비 오는 날의 열매 따기는 오히려 낭만적인 시간을 갖는 것 같기도 해서 설레는 마음을 안고 농장으로 향했다. 농장은 마산에서 가까운 거리에 있어 생각보다 빨리 도착했다.

 농장에 도착하니 반갑게 우리를 맞이하는 선생님이 따뜻한 꿀차를 준비해서 주셨다. 보리수와 오디, 매실, 돌복숭아 등의 탐스럽게 달린 열매들이 비에 젖어 더욱 싱그러워 보였다. 석류나무에는 빨간 석류꽃이 푸름 속에 수줍게 꽃잎을 열고 있었다. 우리는 우비를 입고 보리수나무 있는 곳으로 향했다. 보리수 빨간 열매가 탐스럽게 나무 가득 달려 있었다. 많은 열매로 가지들이 휘어져 아름드리나무 아래 나뭇가지 터널이 만들어졌다. 우리는 신기해서 보리수나무 아래 터널에 앉아서 까르르 웃었다. 어린아이처럼 신이 난 우리는 비를 맞으며 큰 바구니 가득 열매를 땄다. 빗속에서 열매를 따며 후배와 많은 대화를 나누었다. 평소에 못 다한 대화들을 자연 속에서 비를 맞으며 하니 더욱 진솔한 대화가 오갔다.

 한참 동안 열매를 따고 있으니 선생님이 식사 준비를 해두었다며 언덕에서 내려오라고 했다. 집과 이어진 마당 부엌의 함석지붕에서 빗소리가 정겹게 들렸다. 장작불이 지펴진 큰 솥에는 고사리를 삶고 남은 잔불로 고구마가 구워지고 있었다. 군

멍하니 내리는 비를 바라보며 비멍,
푸른 숲을 바라보며 숲멍, 장작불을 바라보며 불멍

바쁜 현대인에게는 멍때리는 시간이 필요하며,
그 시간은 최고의 뇌 휴식 활동이며 비집중 시간이라고 말한다.

고구마 냄새와 빗소리와 싱그러운 푸른 숲을 바라보며 한동안 멍하니 앉아 있었다. 오롯이 나만을 위한 위안의 시간 같았다. 멍하니 내리는 비를 바라보며 비멍, 푸른 숲을 바라보며 숲멍, 장작불을 바라보며 불멍까지 하였다. 빗속에서 어린 시절 열매를 따던 나를 만나고, 장작불 잔불 속에서 꺼낸 고구마를 건네주시던 시골 큰아버지도 만났다. 생생하게 떠오르는 유년의 추억들이 조근조근 나에게 말을 걸어주었다.

무엇인가를 보고 있지만 아무것도 보고 있지 않은 상태를 멍때린다고 한다. 불멍은 '장작불을 멍하니 본다', '불을 보며 멍때린다' 등의 줄임말이며 신조어이다. 무엇인가를 바라보면서 바쁘게 사느라 지친 현대인들이 잠시 뇌를 쉬게 하면서 위로를 얻는 시간이 아닐까. 그동안 멍때리기는 우리 사회에서 당연히 부정적인 것으로 인식되어 왔다. 뇌를 쉬게 한다는 의미가 아닌 멍청히 있는 것 같아서 어른들에게 혼이 난 적도 있었을 것이다. 이제는 지치거나 힘들 때 잠깐이라도 멍하게 있는 시간을 가지면서 뇌를 쉬게 해주는 것이 좋다고 한다.

뇌 과학자들은 바쁜 현대인에게는 멍때리는 시간이 필요하며, 그 시간은 최고의 뇌 휴식 활동이며 비집중 시간이라고 말한다. 스트레스를 덜 받고 효율적인 생각을 만들어 내기 위해

서는 멍 때리는 시간을 갖는 것이 중요하며, 비집중 시간을 갖는 동안 뇌는 흩어진 기억을 하나로 모으고 창의력을 발휘할 수 있는 상태가 된다고 한다. 많은 사람이 규칙적으로 시간 내어 손전화나 컴퓨터를 잠시 끄고 오롯이 나를 위한 시간을 조금 가졌으면 좋겠다. 그날의 풍경이 잔영으로 남아 나를 미소 짓게 한다.

PART 2

동행

 10년 전 봄, 꽃 피는 것을 애써 외면한 적이 있었다. 거리의 나무마다 꽃봉오리가 맺혀 있거나 꽃잎을 열려고 할 무렵 '꽃 피지 말아라. 피어서 쉬이 지거들랑 그냥 그렇게 입을 꼭 다문 채 조금의 희망도 꽃 피우려 들지 마라.'고 속으로 애원한 적 있었다.
 종합병원에서 형부와 함께 걸어오는 언니의 모습이 무척 수척해 보였다. 몇 달 전부터 다리가 아프다며 한의원과 정형외과에서 침을 맞고 주사를 맞으러 다녔지만 차도가 없어 종합검진을 받으러 온 것이다. 그런데 그 병원에서 결과가 좋지 않아 정밀검사가 필요해서 규모가 더 큰 병원으로 왔다. 세 사람의 마음은 무척 무거웠다. 결국 듣고 싶지 않은 결과가 나왔다. 많이 진행된 암이어서 서울의 암 전문병원으로 가야 한다는 의사 선생님의 말을 들었다. 순간 흘러내리는 눈물을 언니에게 보이고 싶지 않고 의사의 말을 인정하고 싶지 않아 창밖으로 얼굴을 돌렸다. 병원 차창으로는 온통 연분홍 벚꽃이 피어 꽃 천지였다. 몇 달 후 꽃이 질 무렵 언니도 함께 질지 모른다는 막연한 불안감이 나를 슬프게 했다. 벚꽃이 바람에 휘날려 꽃비로 내리는 창밖 풍경을 보는 언니의 눈빛도 처연했다.

언니는 각오를 한 듯 비장한 표정으로 의사 선생님에게 아무 연고 없는 서울에서 치료받지 않겠다며 지방 암센터의 전문의를 추천해달라고 사정을 했다. 많이 진행된 암이라 언니와 함께할 시간이 많이 없을 것이라는 생각이 들었다. 허벅지 뼈에 골육종이 많이 진행되어 다리를 수술할 수도 있을 것이라는 말을 듣는 순간 언니의 간병을 함께해야겠다는 생각이 들었다. 슬하에 자녀도 없는 언니는 평소에도 형제자매 중 유일하게 나를 좋아했다. 나를 의지하는 언니를 보며 되도록 많은 시간을 함께 보내며 간호에 신경을 써야겠다는 결심을 했다.

우리의 동행은 이렇게 시작되었다. 다행히 언니는 좋은 의사 선생님을 추천받았다. 진주 지역의 암 전문병원인 경상대학교병원이었다. 서울 암 전문병원에서 내려온 전문의를 소개받았다. 수술하지 않고 12번의 항암치료와 방사선 치료를 받자고 했다. 힘들지만 포기하지 말고 자신을 믿고 따라와야 한다는 강력한 의사의 말을 듣고 세 사람은 말없이 동행하게 되었다.

 힘든 항암치료가 끝날 때까지 하루도 빠짐없이 마산에서 진주로 언니를 보러 갔다. 간병인이 간병을 하지만 언니는 자신의 곁에 내가 몇 시간이라도 있어 주기를 원했다. 용기 내라며 손을 잡고 함께 있어 주는 것을 무척 좋아했다. 형부도 날마다 병원에 갔지만 경제 활동상 오래 머물지 못했다. 내가 몇 시간 동안 병실에 머물면서 곁에만 있어 주어도 언니에게는 큰 힘이 되는 것 같았다. 때로는 항암치료가 너무 힘들어 의식이 가물가물하고 뒤돌아 누워 눈물을 흘려도 내가 곁에 있으면 이겨낼 수 있다고 하는 언니를 하루도 보러 가지 않을 수 없었다. 때론 30분이지만 얼굴을 잠시라도 보려고 마산에서 진주까지 왕복 두 시간씩 차를 타고 갈 때도 많았다.

 그해 봄, 진주로 가면서 많은 꽃을 보았지만 애써 외면했다. 화사하게 피는 꽃들을 공연히 미워한 봄날이었다. 어쩌면 꽃들의 속울음을 본 것도 그때였다. 봄바람에 하늘거리며 날아가는 꽃잎을 보며 그네들의 속울음을 본 것이다.

 몇 달 후 휠체어를 타고 입원했던 언니가 걸어서 그토록 오고 싶었던 보금자리로 돌아왔다. 기적 같은 일이라며 담당 의

사 선생님은 말했다. 언니는 많은 사람의 기원과 사랑하는 가족을 위해 힘든 항암치료를 잘 이겨 냈던 것이다. 꽃이 피는 것을 두려워했던 언니는 이제 꽃이 아름답게 보이기 시작한다고 했다. 퇴원한 언니와 처음으로 근처에 있는 편백나무 숲길에서 걷기 운동을 하기로 했다. 1년 만의 봄날 외출이었다. 세 사람은 나란히 걸었다. 힘겨운 동행이 아닌 멋진 동행의 첫걸음이었다.

언니는 다음 해 벚꽃이 화사하게 핀 따스한 봄날, 손수 만든 갖가지 반찬을 가지고 휠체어가 아닌 걸어서 우리 집으로 왔다. 갖가지 봄나물과 감자조림, 멸치조림, 쑥국 등을 정갈하게 여러 반찬통에 담아서 왔다. 언니는 몇 년을 병원 생활을 하며 음식을 거의 먹지 못했다. 병원에서 회복이 되면 집에서 자신이 좋아하는 반찬을 만들어 먹는 것이 소원이라고 했다. 퇴원 후에는 언니는 장을 보고 반찬을 할 수 없었기에 내가 자주 언니 집에 가서 장을 보고 반찬을 만들어주고 왔다. 그런데 지금은 몸이 많이 회복되어 언니가 직접 먹고 싶은 반찬을 만들어 먹는다. 그동안 간병해 준 내 생각이 가장 많이 난다며 언니는 바쁘게 사는 나를 위해 일주일에 한 번씩 갖가지 반찬을 만들어 내 집에 두고 갔다.

기적과 같은 일이었다. 휠체어를 타고 진주 병원에 입원했던 언니가 지금은 잘 걷고 있으며 친구들도 만나고 일상 생활을 어느 정도 하고 있다. 양손 가득 자신이 정성껏 만든 반찬을 들고 우리 집으로 가져오는 동안 무척 행복하다고 말하는 언니를 보며 지난날 힘겨웠던 시간이 꿈만 같다. 지금까지 주어진 모든 상황을 돌아보며 모든 것에 감사하는 마음이 들었다. 세상의 모든 것은 시간이 흐르면 풀과 꽃처럼 시들거나 지게 마련일 것이다. 자신에게 주어진 마지막 시간이라고 생각하며 힘든 시간을 잘 이겨낸 언니를 곁에서 계속 지켜주고 싶다.

언니는 아직 완치는 아니어서 밤이면 다리가 붓고 아프지만 지금의 상황에 감사한다고 말한다. 여느 때처럼 시장을 보러 가고 맛있는 반찬을 만들고 좋아하는 사람을 만날 수 있는 평범한 일상에 무척 감사하고 행복하다고 한다. 지금도 6개월에 한 번 진주에 진료를 받으러 간다. 진주 가는 길은 언니에겐 부활의 길이며 동행의 길이다. 언니는 지금도 암과 동행을 하고 있다. 어쩌면 끝까지 함께할 친구일지도 모른다. 암을 잘 다독이며 그와도 친구처럼 아름다운 동행이었으면 좋겠다. 언니의 동행은 언제 끝날지 모르지만, 우리와 아름다운 동행은 오래 함께하길 바라고 싶다. 진주 가는 길이 언니와 나에게 꽃길이길 기원해본다.

질경이도/ 낮은 제비꽃도/ 점점 기울어가는/ 그녀의 왼쪽 발걸음을/ 살며시 비껴주곤 한다// 종종 침묵하는 새 울음소리들/ 귀 기울이며/ 여기저기 산란하는/ 새 발자국의 낡은 기억들을/ 끊고 싶다고 한다 그녀// 때로는 난독보다 오독에 기대어/ 살고 싶을 때가 많지만// 점점 하얗게 구멍을 내는 호반새 떼// 달래고 쓰다듬으며/ 떼 지어 호수로 날아가고/ 누군가의 공손한 무릎에서/ 발끝으로/ 꾹꾹 피어나고 있었다//

―〈발끝에서 피는 암癌꽃〉 전문

언젠가부터 그녀의 무릎에는 작은 호반새가 깃들어 살고 있었다.

병원에서 퇴원한 언니와 편백나무 숲길을 걸으면서 느낀 감정을 솔직한 심정으로 써 내려간 시가 생각나는 봄날이다.

PART 2

이 아름다운 날에

"이 아름다운 날 여기 있어서 행복했다. 사랑을 담아, 제인"

이 글귀는 61세의 나이로 세상을 떠난 작가 제인 로터의 부고이다. 죽음은 누구에게나 주어지며 우리는 언제 일어날지도 모르는 위기의 상황 속에 살고 있다. 갑자기 우리에게 죽음이 찾아온다면 우리는 어떤 부고를 쓸 수 있을까? 만약 미처 부고를 준비하기도 전에 맞이한 갑작스런 죽음 뒤 누군가가 부고를 써준다면 어떤 글귀로 나의 흔적을 말해 줄 것인가.

비도 흔적을 남긴다. 빗방울 화석이 있다. 빗방울 화석은 화산재로 시작된 암석의 표면에 새겨진 빗방울 자국들이다. 화산재 더미에 빗방울들로 인한 작은 홈들이 파이고 그 위에 다시

재가 덮여 바위로 굳어졌다가 윗부분이 침식되면서 밑의 빗방울 자국들만 드러난 것이라고 한다.

의령에 있는 빗방울 화석을 보았다. 합천 황매산과 창녕 우포늪에도 빗방울 화석이 있다고 하지만 사진으로만 보았다. 비 오는 여름날, 의령에 있는 빗방울 화석을 보았다. 1억 년 전 잔잔한 빗방울 흔적을 손으로 만지며 한참을 들여다보았다. 손끝으로 만져지는 비의 흔적이라니……. 빗방울의 동그란 파문마저 느껴졌다. 옆에는 큰 공룡 발자국 흔적이 있었다. 빗방울과 공룡 발자국 화석을 보며 비를 맞으며 어디론가 걸어가는 공룡의 모습이 상상되었다.

흔적이란 이처럼 오랜 세월이 흘러도 화석으로 남아서 우리 앞에 놓여 있다. 처마 밑의 비라면 깊게 골이 패인 흔적으로 남을 수도 있지만, 그냥 내리는 비는 흘러가 버릴 줄 알았는데 이렇게 우리 앞에 화석으로 남아 과거를 보여 주고 있었다. 비록 작은 흔적이지만, 내 앞에 고스란히 놓인 모습을 보면서 내 생활을 뒤돌아보게 하였다. 비의 흔적처럼 내가 살아온 흔적은 먼 훗날 어떻게 남아 있을까? 많은 사람이 아니더라도 아들과 딸, 손자 손녀의 마음속에 행복한 기억의 흔적으로 남았으면 좋겠다.

제인 로터의 부고를 보면 그녀는 일생을 행복하게 잘 살아왔다는 느낌이 든다. 잘 살아가는 것은 잘 죽는 것과 일맥상통한 것 같다. 생각해보면 사람들은 가끔 죽음과 맞닥뜨린 아찔한 순간들이 있었을 것이다.

 몇 년 전부터 친구의 부고장이 하나 둘 늘어나기 시작했다. 아직 죽음을 생각할 나이가 아닌 것 같아 그들의 보고장을 받고 무척 당황했다. 얼마 전에도 여고 동창생을 암으로 보내고 영안실에서 우울했다. 친구의 중학생 딸이 영안실에 앉아 고개를 숙이고 울고 있는 모습을 보니 마음이 무척 아팠다. 아직 엄마의 손길이 많이 필요한 시기에 딸을 두고 간 친구의 심정은 어떠했을까. 막내의 울음소리는 저승까지 들린다고 하는데 친구는 어떻게 딸을 두고 가버렸을까. 불과 몇 달 전 동창회에서도 내 앞에서 웃으며 이야기했던 친구가 어느 날 갑자기 영안실 사진에서 환하게 웃으며 나를 맞이하리라고 짐작도 못했기에 충격이 컸다. 2년 전 가을에도 절친한 친구를 암으로 보내고 몇 달간 마음을 잡지 못했는데 또 한 명의 친구가 내 곁에 빈자리를 두고 간 것이다. 그녀의 고운 미소와 고운 목소리가 아직도 눈에 선하다.

 죽음은 우리 가까이 있는 것 같다. 발 뻗으면 닿을 수 있는 곳에 죽음은 있다. 죽음이 오기 전에 우리는 무엇을 준비해야 할까. 각자 환경이 다르고 생활이 다르지만 부고를 써두거나 유언장을 미리 준비하는 마음으로 산다면 사는 날까지 알차고 책임 있게 살아갈 것이다. '삶이라는 선물을 받았고, 사는 날까지 행복했으며, 죽음이란 이 신나는 세상으로부터 영원한 휴가를 떠나는 것'이라고 쓴 그녀의 부고는 빗방울 흔적처럼 오랫동안 남을 것이다

'이 아름다운 날 여기 있어서'라는 글은 아마 남편을 만나서 행복했고 우리 아이들로 태어나 충만한 기쁨을 주어서 고마웠으며, 주변 사람들로 인해 나날이 행복했었던 지금까지.'라는 의미로 해석된다. 떠나는 날까지 아름다운 날로 기억하는 제인처럼 우리의 삶도 나날이 아름다운 날로 기억하며 사는 것이 진정 잘 사는 것이 아닐까.

동창생 중 한 명이 "이제 우리 정말 자주 만나고 건강하게 살자. 더 이상 빈자리 남기지 말자."라고 말하며 서로의 건강을 염려했다. 이제 가까운 날에 친구나 가까운 사람을 보내고 싶지 않다. 바람이 유난히 스산하게 스치는 가을밤이다.

PART 2

시간의 두께

　시간에도 두께가 있는 것 같다. 하루를 어떻게 사용하느냐에 따라 그가 사용하는 시간이 10시간이 될 수 있고 48시간이 될 수 있다. 시간에는 물리적 시간과 심리적 시간이 있다고 한다. 물리적 시간은 누구에게나 주어진 공평한 시간이어서 늘릴 수 없지만, 심리적 시간은 자신의 마음 자세나 상황에 따라 늘릴 수 있는 것 같다. 즉 시간의 진정한 가치는, 누구에게나 주어진 하루라는 시간을 어떻게 사용하느냐에 따라 삶의 질이 달라지고 인생의 속도도 늦출 수 있다는 것이다.

　시간을 두텁게 사용하는 어르신을 알고 있다. 지난해 봄, 나를 만나고 싶다는 전화가 왔다. 커피숍에서 만난 어르신은 세

권의 두꺼운 공책에 빼곡하게 손글씨로 쓴 글을 보여 주었다. 하루도 빠짐없이 몇 년 동안 글을 써 왔다며 페이지마다 글을 쓴 차례가 적혀 있었다. 일상에서 느낀 점이나 신문을 읽고 느낀 점 등을 일기처럼 자신의 감정을 적어 내려간 글들이었다.

 밤늦게까지 가게를 하면서도 글을 쓴 이유는 "글은 자신이 살아가야 할 이유"라고 했다. 여든에 가깝다는 나이를 듣고 깜짝 놀랐다. 여든을 앞둔 나이라고 하기에는 10년이나 젊어 보이고 건강해 보였다. 그 어르신은 물리적 숫자에 불과한 나이가 아니라, 심리적 시간을 잘 활용하여 진정한 시간의 가치를 아는 분이라는 생각이 들었다. 손님이 뜸한 새벽에도 가게에서 글을 읽고 쓴다는 이야기를 듣고 경외감이 들었다. 글을 쓰며 늦게나마 꿈도 생겼다며 여든이 지나면 가게를 그만두고 대학에 꼭 진학하고 싶다며 수줍게 말하는 모습이 소녀 같았다. 평소에도 운동을 열심히 하여 건강을 유지하고 있다며 건강 유지 비결도 말해 주었다. 젊은 사람도 하기 힘든 운동이었다. 하루도 빠지지 않고 100개의 스쿼트와 1시간의 요가, 걷기 등으로 건강을 유지하고 있었다. 그러면서 젊은이 못지않은 단단한 근육질로 주변 사람들이 많이 놀란다고 한다. 그녀는 자신에게 주어진 시간을 길게 가꾸며, 인생의 속도는 느리게 사는 현명한 할머니이다.

시간의 진정한 가치는,
누구에게나 주어진 하루라는 시간을 어떻게 사용하느냐에 따라
삶의 질이 달라지고 인생의 속도도 늦출 수 있다는 것이다.

고대 그리스어에는 시간을 나타내는 크로노스와 카이로스가 있다. 그녀에게는 모두에게 공평하게 주어지는 일상의 시간인 크로노스와 시간을 잘 관리하여 기회가 주어지는 깨달음의 시간인 카이로스가 함께하는 것 같다. 카이로스는 기회를 주는 시간이기도 해서 평소에 주어진 시간 관리를 잘하고 있으면 좋은 기회가 올 것 같은 확신이 들었다. 요즘 주변에는 아름답고 건강한 시간을 보내는 시니어들이 많이 늘어나고 있다는 뉴스도 접했다. 그들은 시간 관리를 잘해 온 사람들이며 심리적 시간을 길고 두텁게 사용한 사람들이다.

우리 뇌에는 시간 세포가 있기에 나이에 상관없이 시간이 빠르게 때로는 느리게 느껴질 수 있다고 한다. 시간 속에 흐르는 기억과 감정은 우리가 어떻게 시간을 사용하느냐에 달려 있기에 새로운 경험이 줄어들면 시간도 짧게 느껴지는 것이다. 기억으로 남지 않으면 시간만 빠르게 흘러간다고 느끼기 때문에 새로운 언어를 배우거나 악기를 배우고 글을 쓰는 등 새로운 경험을 많이 해서 심리적 시간을 길게 쓰는 사람들이 많았으면 좋겠다. 많은 사람이 시간을 소중히 여겨서 아름답고 건강한 시간이 함께하길 바라고 싶다.

PART 2

졸업, 머무르고 싶었던 시간

 여고 졸업 후 40여 년의 세월이 흐른 후 학교가 나를 불렀다. 모교인 마산여고 100년사를 쓰는데 도와달라는 요청이 들어왔다. 지금은 고인이 된 수필가 서인숙 선생님과 교장 선생님인 K 선생님의 전화를 받았다.

 당시 나는 박사 논문을 쓰고 있었기에 요청을 받고 일주일간 깊은 고민에 빠졌다. 친한 친구와 의논을 하니 100년사를 쓰는 일은 일생에 한 번뿐이고 무척 의미가 있는 공적인 일이니 박사 논문을 미루고 내가 졸업한 학교의 100년사를 쓰는 것이 좋겠다고 나를 설득했다. 그녀를 만나고 온 그날 밤 여고 시절의 추억이 밀려왔다. 잊을 수 없는 여고 시절의 기억들을 떠올리며 사적인 내 논문을 미루고 졸업한 여고의 100년사 쓰기에 동참하기로 결심했다.

부산에서 사업을 하던 아버지가 사업에 실패하고 마산으로 이사를 왔는데 이사 온 첫 집이 모교인 M 여고 근처였다. 당시 부산은 시험제가 폐지되었고 마산은 고등학교 가려면 시험을 치고 배정을 받는 제도였다. 당시 학생인 나로선 부모님을 기쁘게 하는 일은 공부밖에 없다는 생각으로 열심히 공부에 몰두해서 우수한 성적으로 모두가 원하던 M여고에 입학했다. 누구보다 아버지가 기뻐하셨다. 마치 나는 효녀가 된 듯 뿌듯했다.

입학 후에도 학교 근처에 사는 특권을 누리듯 일찍 학교에 가고 가장 늦게 학교에서 나오는 학생이 되었다. 당시 친구들은 대부분 학원에 가거나 과외를 하고 있었다. 그러나 언니와 동생들이 있는 집에서 나만을 위해 학원비를 달라는 말이 나오지 않았다. 그래서 열심히 나만의 공부에 매진하였다. 밤늦게까지 학교에 남는 학생이 되어 거의 날마다 경비원 아저씨에게 "네가 가장 오래 학교에 남아 있어. 3학년도 다 집에 갔어."란 말을 들으며 마지막으로 교문을 나섰다. 그때 주눅 들기보다는 밤하늘의 별을 보며 '난 캄캄한 밤하늘의 별처럼 빛나는 사람이 될거야.' 이 말을 되뇌이며 씩씩하게 집을 향해 걸어가는 단단한 여고생이 되어갔다. 덕분에 난 상위권 성적으로 서울의 우수한 대학은 얼마든지 갈 수 있는 학생이 되었다. 이제 나에게는 좋은 미래만 남았다며 무척 기뻐했다. 부모님을 기쁘게 해주는 효녀가 되었고, 동생들에게도 학원 가지 않고도 좋은 대학을 갈 수 있는 모범적인 누나가 되었다. 적어도 엄마가 암이라는 병을 앓고 있다는 것을 알기 전까지는.

고3의 봄날이었다. 운명은 내 편이 아니라는 것을 알았다. 엄마가 암이라는 병을 앓고 있으면서 가족에게 숨기다가 점점 악화되어 다른 지방의 큰 병원에서 치료받아야 한다는 것을 알고 난 나는 대학 진학을 포기하려 했다. 엄마가 곁에 없는데 대학 진학은 무슨 소용이 있는가 하는 생각에 담임 선생님께 대학 진학은 하지 않고 취직공부를 한다고 말씀드렸다. 당시 담임 선생님은 결사적으로 내 의견을 반대하셨다. 그럴수록 공부를 열심히 하라며, 예비고사 칠 때까지 아무 말 하지 말고 공부하라며 용기를 주셨다. 그러면서 그게 엄마를 위하는 길이라고 다독여주셨다. 고3 담임 선생님 덕분으로 서울에 있는 대학은 포기하고 장학생으로 지방국립대에 진학했고 졸업을 했다. 엄마 곁에 있으면서 간호도 하고 돌보면서. 다행히 엄마는 많이 호전되어 그 후로도 20년 이상 우리 곁에 있었다.

여고 시절은 나에게는 잊을 수 없는 많은 기억의 나날이었다. 인생의 힘든 시기를 다른 친구보다 많이 겪었다. 그러나 가장 열심히 살아온 날들이었기에 나는 누구보다 100년사를 쓰는데 참여를 해야 한다는 사명감이 들었다. 그렇게 인생의 디딤돌이 되게 해준 모교를 위한 일을 외면한다는 것은 도리가 아니라고 생각했다. 비록 사적인 내 일을 미룰지라도 모교를 위한 일을 외면한다면 평생 후회할지 모른다는 마음으로 모교 100년사 목차를 만들고 쓰기에 동참했다.

100년사가 만들어지고 역사관이 만들어졌을 때 감회가 새로웠다. 동참하기를 잘했다는 생각이 들었다. 100년사를 쓰기 위해 서울의 고등학교 100년사 10여 권을 들여다보여 목차를 만들고 계획하면서 당시 총동창회장님과 사무국장님의 격려를 받으며 매진했다 그리고 100년사를 쓰기 위해 몇 달 동안 마산여고 문집인《월영대》를 한 권씩 살펴보며 모교의 역사를 알게 되었다. 그러면서 100년사 책 안에 '〈월영대〉의 역사를 살펴보며'란 긴 글도 썼다. 나에게는 잊을 수 없는 큰 경험이었고 의미 있는 일이었다.

모교를 바라볼 때마다 뿌듯했다. 지금도 여전히 나는 모교 교문을 자주 지나친다. 지금은 멀리 돌아온 내가 나를 보고 있었다. 벚꽃이 지는 날이면 까르르 친구들과 함께 꽃비를 맞으며 서로의 눈동자에 비친 꽃잎을 바라보았다. 때로 복도 끝 창문에 머물던 바람이 머릿결을 쓰다듬던 날이면 미래를 생각하며 고이 접은 마음 하나도 내보였다. 그 바람이 후배들의 미래에도 따뜻한 온기를 품고 불어가기를. 늦은 밤 가끔 교문 앞을 지나가면 여고생인 내가 밤하늘의 별을 바라보며 뒤돌아 나오던 모습을 생각하며 살풋 웃기도 한다.

 졸업은 떠남이 아니라 한 시절을 마음에 품는 것이며, 또 다른 시작을 의미하는 것 같다. 그 시절의 나와 지금의 나를 잇는 다리로서 떠나왔지만 내 안에 여전히 머무르고 있다. 지금은 모교의 총동창회의 이사회에 참여하면서 모교를 마음껏 사랑하고 있는 자신의 머리를 쓰다듬어 본다.

PART 3
기록의 힘

그녀의 집 | 이중섭의 편지 | 기록의 힘 | 시간을 품은 그림, 모네의 〈수련〉 앞에서 | 흰 바람벽을 보며 | 고흐의 구두를 보며 | 만추, 단풍보다 고운 시를 만나다 | 봄, 선율에 담은 아버지를 보다 | 어린 왕자를 기다리며 | 미소를 잃지 않는 일

PART 3

그녀의 집
―지하련을 말하다

 후미진 곳에 그녀의 흔적이 기억되고 있었다. 그 집은 많이 낡았고 허물어졌지만 시간을 압축해 세월을 간직하고 있었으며, 멈추어진 공간과 시간이 그곳에 있었다.

 언덕 위의 낡은 이층집인 그녀의 집으로 향해 한 걸음 디딜 때마다 그녀의 질곡스러운 삶이 생각나 마음 한쪽이 시려 왔다. 그녀를 처음 만난 곳은 마산문학관을 개관했을 때 전시실에서였다. 그곳에 근무하는 학예사로부터 시인 임화의 아내였던 소설가 지하련의 이야기를 듣고 그녀를 만나고 싶었다. 그러다 잠시 잊고 있었다.

 지하련 주택으로 불리는 그녀의 집 속살을 본 것은 한 달 전 늦가을이었다. 창원 도시 탐방대에서 ㅎ 교수의 해설을 들으며 그녀의 낡은 집의 내력을 자세히 알게 되었다. 나지막한 붉은 벽돌 담장을 지나 녹슨 철문 안의 디딤돌과 키 큰 종려나무가 먼저 우리를 반겨주었다. 처음 온 곳인데도 왠지 한 번 와본 듯한 익숙함에 낡은 집의 세월을 잠시 잊게 해주었다.

집은 위안의 공간이며 내밀함을 지켜주는 공간이다. 그녀가 결핵에 걸려 이 집에서 얼마 동안 머무르면서 병을 치료하고 집필을 한 공간이라고 생각하니 작은 공간마저 예사롭게 보이지 않았다. 불이 나서 내부가 많이 소실되었지만 다행히 원형은 유지하고 있었다.

현관에는 포치를 두어 친근감이 들었다. 예쁜 방범창살과 단아한 목재 창호와 단단한 나무 계단, 수제 붙박이장과 장 속의 서랍장 등을 보니 그녀의 추억과 흔적이 차곡차곡 쌓여 있었다.

2층으로 가니 벽난로가 있었고 그녀의 방이 있었다. 마산 바다가 내려다보이는 그 방에서 그녀는 고독과 싸우며 사색도 하며 집필을 했던 것이다. 그녀의 방에서 잠시 머무르며 소설보다 더 소설 같은 삶을 살았던 그녀의 모습을 떠올려보았다.

그녀의 문학 산실이자 배경이 되었던 이 집에서 그녀는 4편의 글을 써서 발표했다. 〈체향초〉는 고향에 머물며 겪은 일을 간단하게 묘사한 글이라는 의미인데 그녀의 자전적 소설이며 이 집을 잘 묘사하고 있었다. 문학 무대가 된 집을 다녀오고 나서 읽은 소설들과 그녀의 수필인 〈일기〉는 심리적 묘사나 배경 묘사에 더 이해가 잘되고 그녀를 가까이 느낄 수 있었다. 그녀의 집은 장소와 공간이 주는 문학사적 의미가 무척 큰 것 같다.

그런데 지하련 주택이 철거와 보존의 양극에 놓여 있다는 이야기를 듣고 무척 마음이 아팠다. 몇 년 전 산호동 재개발추진사업자 측에서는 이 집이 문화유산 가치가 없기에 조경시설이 될 위치라고 말했다고 한다. 비록 낡았고 오래된 집이지만 도시재개발사업으로 많은 이야기가 사라진다는 것은 안타까운 일이었다. 세월이 발자국을 지우고 길을 흐려놓고 소리를 없애더라도 숨어 있는 발자국과 길과 소리들이 있어 역사를 지킬 것이다. 그녀의 집에 다녀오고 나서 집이 보존되길 마음속으로 간절히 기원했다.

며칠 전 도시계획위원으로 있는 ㅈ 교수에게 이 주택의 보존 여부를 물어보니 창원시가 보존 쪽으로 간다고 해서 무척 기뻤다. 낡은 것을 무조건 없애는 것은 시간의 힘과 공간의 힘을 거스르는 것이다. 오래된 도시가 아름다울 수 있는 것은 시간의 흐름이 있었기 때문이라는 말이 문득 기억난다.

2층 창가에 서서 바다를 바라보며 병마와 고독과 싸웠을 그녀의 웃는 모습이 그려 보인다.

PART 3

이중섭의 편지

그의 편지는 그리움으로 그린 그림 편지였다.

몇 년 전 부산 시립미술관에서 열리는 '이중섭, 백년의 신화'를 보러 갔다. 이중섭 화가가 한국 현대미술의 전설이라고 들어왔지만 그의 원본 작품을 보는 것은 처음이었다. 얼마 전 텔레비전에서 상영했던 다큐멘터리 영화 '두 개의 조국, 하나의 사랑'을 보면서 이중섭의 삶과 작품세계를 조금 알게 되었다. 일제강점기 한국인과 일본인 아내 마사코의 사랑과 결혼 이야기에 감동을 받았기에 실제로 이중섭의 작품들을 마주보며 마음으로 느끼고 싶었다.

부산의 시립미술관에서는 이중섭의 대표 작품뿐만 아니라

그동안 공개하지 않았던 편지글과 만나기 어려웠던 작품을 한자리에서 볼 수 있었다. 나는 국민 화가인 이중섭을 자세히 모르고 있었던 것 같다. 한국적 서정과 향토색을 가장 잘 드러낼 수 있는 소재인 '소'를 그의 대표작품이라고 알고 있었지만, 은지화에 새겨진 외로움과 그리움이 담겨 있는 작은 철필 스케치에 대해서는 이번 전시회에서 자세히 알게 되었다.

이중섭의 마음이 가장 잘 드러난 작품은 황혼에 울부짖는 〈황소〉이며 잃어버린 사랑에 대한 그리움을 드러낸 작품이라는 것도 해설을 듣고서야 알았다. 또한 '소'는 일본의 식민 지배를 받았던 조선인의 상징이었다고 한다. 그러니까 소는 단순한 동물이 아니라 강한 생명력이며, 민족의 현실에 대한 상징이었다고 볼 수 있다. 그의 작품을 천천히 보면서 그림마다 서려 있는 가족애와 민족애가 애절하게 다가와서 전시회장을 돌아보는 동안 가슴이 아려왔으며 콧등이 찡했다.

그가 아내 마사코에게 보내는 편지글 앞에서 발걸음이 멈추어졌다. 이중섭의 작품 위주로 보게 될 것이라는 짐작과 달리 뜻밖의 선물을 받은 듯 이중섭이 사랑하는 아내와 가족에게 보내는 편지를 볼 수 있었다. 1952년 아내와 자식들을 일본의 처가로 떠나보낸 이중섭에게 편지는 가족과 자신을 이어주는 유일한 끈이었다고 한다. 편지의 내용이 얼마나 절절한지 나는

아내에게 보내는 편지는 단순한 사랑의 서신이 아니라
그의 삶과 예술, 가족에 대한 그리움과 기도였다.

아무 말 없이 숙연하게 편지를 읽어 내려갔다. 바다 건너 가족에게 보내는 편지 여백마다 그린 그림에 담긴 아내와 아이들을 향한 가족애는 지금 우리가 이루고 있는 가정과 아이들의 소중함을 일깨워주었다. 전시회를 찾은 관람객들이 가장 많이 감동받는 것도 바로 이중섭 화백이 가족들에게 보낸 편지라고 한다. 아내에게 보내는 편지와 그림은 단순한 사랑의 서신이 아니라 그의 삶과 예술, 가족에 대한 그리움과 기도였던 것이다.

이번 전시회는 가난했지만 따뜻하고 아름다웠던 화가 이중섭을 새롭게 만나는 계기가 되었다. 사랑하는 아내와 가족에게 편지를 쓰고, 그림을 그리는 모습도 보고 아이들과 즐거운 시간을 보내는 모습도 보았다. 이중섭이 남긴 편지를 사이에 두고 이중섭이란 화가와 대화를 나누고 그의 목소리를 전해 듣는 것 같았다.

〈길 떠나는 가족〉에 관한 이야기도 인상적이었다. 이 그림은 1955년 서울 미도파 화랑에서 열린 이중섭 전시회에 출품된 그림이다. 당시에 어떤 사람이 쌀 한 가마니를 주고 그림을 사갔다고 한다. 그런데 나중에 그림이 팔렸음을 알게 된 이중섭이 구매자를 찾아가서 돌려달라고 통사정을 했다고 한다. 이 그림은 일본으로 떠난 아내와 아이들 주려고 그린 것이라 팔 수 없다고 해서, 다른 그림과 맞바꾼 그림이 〈황소〉였다고 한다. 그만큼 이중섭에게 가족은 소중했던 것이다. 그 이야기를 듣고 나니 그 그림이 더욱 사랑스러워서 오랫동안 그 그림 앞에 머물렀다.

  이번 전시회에서 만난 것은 이중섭의 그림만이 아니라 그 속에서 살아 숨 쉬는 그의 삶과 흔적들이었다. 그의 작품과 편지를 보면서 이중섭 자신이 겪은 개인적 어려움과 그리움을 예술로 승화시켰다는 것을 알 수 있었다. 또한 안으로 숨겨진 사람들의 욕망은 어떤 식으로도 표출된다는 것을 알았다. 화가는 그림으로써, 작가는 글로써, 음악가는 음악으로써, 일반 사람들의 분노는 촛불로써 등등으로 말이다. 그에게 그림은 기억을 붙잡아 주는 마지막 수단이었으며 그리움이었다.

  잃어버린 사랑에 대한 그리움으로 가슴이 먹먹해져 온다. 가족애와 민족애의 화가 이중섭에게 편지를 쓰고 싶다.

PART 3

기록의 힘

 우리의 경험은 시간이 지나감에 따라 그저 잊힌다. 하지만 기록된 것은 오랜 시간 간직하게 된다. 기록은 글로만 이루어지는 것이 아닌 것 같다. 그림이나 음악 등 생각을 명시화하는 것은 기록이라고 할 수 있다.

 몇 년 전 도립미술관에서 ㅂ 화백의 유작전을 보았다. 전시회 그림도 좋았지만 작가가 남긴 작업 노트의 전시가 무척 인상적이었다. 원본 작업 노트와 낡은 수첩, 물감과 붓 등 그의 유품들이 삶의 깊은 흔적처럼 전시되어 있었다.

 화가의 흔적을 다시 보고 싶어서 가족이나 친구들에게 소개하며 미술관을 여러 번 찾아갔다. 천천히 작업 노트와 낡은 수

첩 등을 읽어 내려가면서 그의 고뇌와 깊은 생각을 읽을 수 있었다. 그러면서 다시 전시장에 걸린 그림이나 설치 미술을 보면 더 잘 이해가 되었다.

> 어둠을 깨어버리는 새벽 네 시의 종소리. 나의 정신적 어둠. 잠을 깨어버리는 저 영혼의 포탄에 쏴버린다. 깨어라. 미美라는 추상적이고 부담스러운 문제를 짊어지고자 하는 나의 존재. 그러나 나는 나 스스로를 사슬에서 해방시킨다.

그의 작업 노트에서 발견한 인상적인 글이다. 작업 노트에 자신의 생각을 기록하고 그의 미술에 대한 생각을 구축하고자 하는 의지가 담겨 있는 것을 알 수 있었다. 화가든 작가든 모든 예술가는 작품을 만들기 위한 고뇌와 영감의 흔적이 기록을 통해 고스란히 전달됨을 알 수 있었다. 작가가 전달하고자 하는 이야기나 작업의 진행 이야기 등을 그림과 함께 쓴 글쓰기는 그의 전시를 이해하는데 많은 도움을 주었다. 그가 드로잉한 흔적 하나하나와 작가의 사유, 아이디어가 가득 적힌 작업 노트를 보면서, 그가 남긴 성취를 인정받을 수 있었던 이유를 알 것 같았다.

설치 작품은 그가 남긴 작업 노트의 기록을 보고 최대한 원

형을 살려 전시한 것이라 했다. 그림 속에 표현된 "나무, 구름, 나비는 서사적 내용을 암시하는 은유물"이라고 적힌 작업 노트에서 마치 시인과 같은 그의 깊은 사유를 생각하며 발걸음이 한동안 떨어지지 않았다.

그림이든 글이든 음악이든 무엇인가를 기록하는 것은 자신의 삶이자 흔적이었다. 자칫 사라지기 쉬운 당시의 기억과 감정을 기록하는 것은 흔적이 되며 우리 모두가 나눌 수 있는 지혜가 되는 것 같다. 지속적으로 축적해 온 작업 노트는 그의 내면 속에 있는 모든 지식과 경험을 타인과 나누는 작업이었다. 그의 작업 노트를 통해 우리는 마음의 흔적을 헤아릴 수 있으며 그의 예술세계에 한 걸음 더 다가갈 수 있는 것 같다.

빈센트 반 고흐의 예술이 지금까지 빛나고 있는 것은 고흐의 동생 테오의 아내 요한나 덕분이라고 한다. 고흐가 죽은 뒤 6개월 후에 남편 테오마저 죽었다. 요한나는 고흐가 동생 테오에게 보낸 700여 통의 편지를 읽고 정리하여 《반 고흐, 영혼의 편지》라는 책을 출판하였다. 그녀는 형제가 주고받은 편지를 네덜란드어로 출판하였고, 회고전을 열면서 고흐의 그림을 알렸다. 그녀가 출판한 책은 고흐의 명성을 알리는데 큰 기여를 했다고 한다. 그녀는 빈센트와 남편을 기리는 일을 하면서 빠짐없이 그 과정을 기록으로 남겼다고 한다. 기록으로 남겼기에

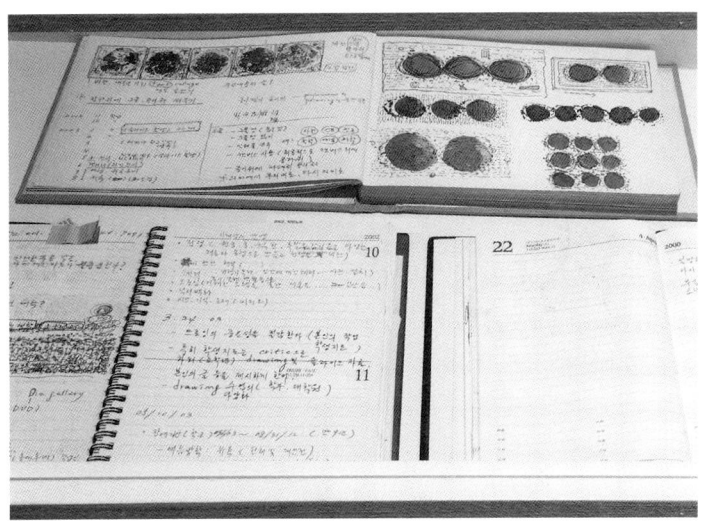

그림이든 글이든 음악이든
무엇인가를 기록하는 것은 자신의 삶이자 흔적이었다.
자칫 사라지기 쉬운 당시의 기억과 감정을 기록하는 것은 흔적이 되며
우리 모두가 나눌 수 있는 지혜가 되는 것 같다.

이름을 세상에 남길 수 있고 역사적 사료로 가치를 인정받을 수 있었다. 고흐를 위해 그토록 애를 쓴 요한나를 보며 기록으로 남긴다는 일은 무척 가치 있는 작업이라는 것을 다시 한번 확인할 수 있었다.

두 화가를 통해서 기록의 중요성을 알았다. 물론 레오나르도 다빈치의 작업 노트 기록은 많이 알려졌지만, 이번에 내 마음에 다가온 두 화가의 흔적은 오랫동안 남을 것 같다. 그들이 이루어 낸 성취에는 기록이 있었다.

기억이 기록이 되고 흔적으로 남아서, 현재 우리에게 다가왔을 때 진정한 가치가 있는 것이 아닐까.

PART 3

시간을 품은 그림, 모네의 〈수련〉 앞에서

　연못 위에 떠 있는 수련 한 송이를 본다. 물속 깊은 곳에서부터 조용히 올라 피어 있는 그 모습은 시간을 멈추게 한다.
　10여 년 전 여름의 끝자락, 여행길에 오사카의 오하라 미술관에서 클로드 모네의 〈수련〉 연작을 마주했다. 수평으로 길게 펼쳐진 거대한 캔버스는 한 폭의 풍경이라기보다 하나의 세계 같았다. 그곳은 마치 시간을 품은 연못처럼 고요했다. 모네는 수련을 그린 것이 아니라 물 위를 흘러가는 시간과 고요한 내면, 그리고 빛의 숨결을 그려 놓은 듯했다. 그림 앞에 선 나는 하나의 점으로 느껴졌고, 그림 속에 스며드는 느낌이었다. 물 위에 핀 꽃들, 물속에 스민 하늘, 나는 그림 앞에서 한참을 서 있었다. 수련 한 송이 위로 떨어지는 햇살처럼 그 떨림은 나를 흔드는 파문이었고 내 안 어디에서 울림으로 번졌다.

모네가 말년에 집요하게 열중했던 대상은 지베르니 정원 연못에 핀 수련이다. 〈수련〉은 물의 풍경을 보여 준다. 연못에 비친 고즈넉한 하늘은 물과 하나이며, 연꽃의 빛은 환상적이다. 무리 지어 물 위에 떠 있는 수련은 빛과 공기의 움직임으로 시시각각 변화하는 모습을 보이며 언제 보아도 평화로움과 따스함을 준다. 모네는 "수련 연작은 반사된 풍경화"라고 말했다. 모네는 연작을 통해 동일한 사물이 빛에 따라 어떻게 변하는지 표현했다.

모네의 수련화는 자연광 아래에서 물체가 다양하게 변화하는 장면을 보여준 그림이다. 상상만으로 풍경을 그리는 것이 아니라 바깥에서 햇빛을 받은 물 표면과 자연광 아래에서 수련의 다양한 색의 변화를 보여주는 그림이었다. 눈부신 햇살 아래에는 황금빛으로 반짝이고, 흐린 날의 수련은 보랏빛 안개처럼 피어나며, 저녁이 되면 수련은 물 위에 젖은 듯 가라앉는다고 한다. 모네는 아침, 낮, 저녁 빛에 따라 변하는 색조를 연작으로 표현하여 자연 현상을 생생하게 나타냈다. 자연 속에서 소재를 찾았으며 직접 관찰을 통해 순간적인 변화를 표현했다.

Water Lilies(1906)
Claude Monet(French, 1840-1926)

그의 풍부한 색채감은 현대 미술에도 많은 영향을 미쳤다. 〈수련〉 연작은 마지막까지 그가 추구한 빛과 자연에 대한 소우주을 보여준 걸작으로 평가받고 있다.

  모네는 파리에서 태어나서 여섯 살 때 르아부르라는 항구 도시로 이사했다. 그는 유년기를 해변과 바닷가에서 보내면서, 캐리커쳐나 초상화를 그려줄 정도로 그림에 재능이 보였다고 한다. 모네는 카미유를 만나 결혼을 했으며 장과 미셸이라는 아들을 두었다. 그는 초기에는 사실주의에 가깝게 그렸으나 빛에 대한 관심이 점점 깊어져서 빛과 자연 풍경을 많이 그렸다. 부인 카미유가 32세의 젊은 나이로 운명하자 파리 근교인 지베르니에 대지를 구입하였다. 모네는 이사를 다닐 때마다 집의 마당에 작게나마 정원을 꾸미고 소중히 가꾸어 그 모습을 화폭에 담는 것을 즐겼다고 한다. 지베르니에 와서야 비로소 자신이 꿈꾸던 정원을 가질 수 있게 되었다. 그의 사랑으로 꾸민 정원에 연못을 만들어 버드나무, 오리나무, 붓꽃, 대나무 등 갖가지 식물을 심었다. 그리고 연못 위에는 수련을 가득 심었다. 그곳에서 모네는 꾸준히 연작에 몰두했다. 연작만큼 시간과 빛의 흐름을 정확하게 보여줄 수 있는 것은 없다고 생각했기 때문이었다. 지베르니의 연못은 모네가 사망할 때까지 그의 예술에서 중요한 주제가 되었다고 한다.

  그림을 본다는 것은 자신을 들여다보는 일이 아닐까. 붓 끝에서 흘러나온 빛과 색의 조화 그것은 단순한 자연의 묘사가 아니라 삶의 깊이와 그리움, 존재의 의미를 담은 것 같았다. 시간이 지나 기억은 옅어져도 감정은 지워지지 않는 것 같다. 그날의 그림은 내 안에 남아 수련을 볼 때마다 잔잔한 물결을 일으킨다.

PART 3

흰 바람벽*을 보며

 감정 조절이 힘든 시대이다. 대부분 사람들은 갈등을 겪으면서 크고 작은 상처를 받을 때가 많다. 상처받는 것이 두려워서 피하다 보니 상처에 대한 면역이 없어져 절망적인 상태에까지 이르는 사람도 많다고 한다. 상처에도 항체가 생겨야 이겨낼 수 있다고 한다. 항체는 외부에서 만들어지는 것이 아니라 본인 스스로 상처를 이겨낼 때 생기는 것이라고 생각한다. 성장통처럼 성장을 하려면 많은 통증이 오는데 통증을 잘 견디다 보면 훌쩍 자란 자신을 만날 수 있을 것이다.

 방하착方下着이란 말이 있다. 즉 집착하는 마음을 내려놓는다는 뜻이다. 이 말은 내가 좋아하는 말이기도 하지만 잘 실천되지 않는 말이기도 하다. 화火는 자신을 화나게 만든 상대방이

고통받기를 원하는 마음이라고 한다. 화도 상대방에 대한 집착을 가진 마음이다. 20대 초반 어느 스님의 설법 속에서 들은 인상 깊은 말이다.

화가 나는 상황이 되면 화가 나려는 마음을 미리 알고 호흡을 통해 생각을 멈추고 마음을 내려놓는 습관을 길러야 한다고 한다. 그런 습관을 기르다 보면 어떠한 상처를 받더라도 회복이 된다는 것이다. 스님의 설법을 들을 무렵에는 마음을 내려놓을 일이 많이 없어서인지 마음에 그대로 와닿지 않았다. 그러나 살아가면서 마음을 내려놓아야 하는 순간들이 많아졌다. 생각보다 마음을 내려놓는 일이 쉽지 않았다.

여름이 끝나 갈 무렵, 가까운 친구에게 전화가 왔다. 친구의 우울한 목소리가 심상치 않았다. 전화선을 통해서 친구의 떨리는 목소리를 들으며 마음이 아팠다. 우리는 서로 떨어져 살고 생활이 바빠서 자주 만나지는 못하지만 목소리만 들어도 서로의 마음을 아는 사이이다. 그렇기 때문에 몇 마디의 말만으로 서로에게 어떤 상황이 일어났는지 짐작할 수 있었다. 그녀를 도와 줄 수 없어 안타까웠다.

어떤 위로의 말도 그녀에게 크게 도움이 되지 않는다는 것을 잘 알기에 그녀의 말을 묵묵히 들어주며 공감하는 수밖에 없었다. 사람들은 안다. 사람에게 받은 상처는 세월이 약이라는 것을. 대부분 사람들은 마음을 내려놓는 일이 어렵다고 한다. 나 역시 마음을 내려놓는 일은 쉽지 않았다. 사람들이 세월에 감정을 기대는 것은 세월이 흐르면 상대방에 대한 감정이 조금씩 누그러지면서 자연스럽게 희석되기 때문이 아닐까. 그녀가 쏟아낸 많은 말을 들어준 후에 마음을 내려놓아야 홀가분하게 집착에서 벗어난다는 말과 함께 백석의 시 〈흰 바람벽이 있어〉가 생각나서 그녀에게 들려주었다.

"하늘이 이 세상에 내일 적에 그가 가장 귀해하고 사랑하는 것들은 모두 가난하고 외롭고 높고 쓸쓸하니 그리고 언제나 넘치는 사랑과 슬픔 속에 살도록 만들어진 것이다." 시의 일부를 인용하며 그녀를 위로했다. 시인은 하얀 벽을 보며 가난하고 늙은 어머니와 자신이 사랑하는 사람이 가족과 함께 저녁을 먹고 있는 장면을 떠올리면서 자신을 성찰하며 위로하는 것 같다. 이 시는 오래전에 백석이 지은 시이지만 슬픈 운명의 삶을 긍정적으로 받아들이고 있어 힘든 상황에 놓여 있는 사람에게 위안을 주는 시라고 생각한다. 마치 오래된 마음의 창문이 열리는 소리를 백석은 들은 듯했다. 그녀도 한결 마음이 가벼워졌으며 많은 힘이 되었다며 고마워했다.

어린 시절 나는 아무도 없는 빈방에서 문득 벽을 바라보거나 천장, 혹은 창밖을 보면서 많은 생각에 잠기기도 했다. 벽지의 바둑판무늬를 따라가 보기도 하고 벽지의 이음새 부분의 무늬가 잘 맞추어졌는지 살피기도 했다. 그러다 벽을 보며 영상처럼 떠오른 생각을 이어가기도 했다.

  벽을 바라보거나 천장을 바라보면서 상념에 잠기는 사람들은 얼마나 될까. 특히 벽을 보면서 자신을 성찰하는 이들은 종교인 외는 드물 것이다. 여고 시절에 벽을 밤새도록 보며 면벽 수행을 한 적이 있다. 면벽 수행은 불교에서 벽을 마주하고 앉아서 하는 수행을 말한다. 벽을 마주하고 앉아 눈을 살며시 깔고 무상무념의 경지로 가려고 노력할수록 머릿속은 온갖 다른 생각으로 가득했다. 결국 수행 중에 졸다가 스님께 죽비로 어깨를 맞으며 정신이 번쩍 들었던 기억이 난다.

  상처 없는 영혼이 없듯이 사람은 누구나 상처를 받으며 살아가는 것 같다. 자신의 상처보다 가까이 있는 사람이 누구에겐가 상처를 받는 것이 더 아프게 다가온다. 시인 백석이 사랑하는 "가난하고 외롭고 높고 쓸쓸하니"의 의미는 더 많이 가지지 않는 마음이며 혼자여도 고요히 세상과 감응하며, 내면의 품격이 높은 자들의 맑은 마음이라고 한다. 그래서 그 시의 구절을 떠올리면 마음이 편안해진다

  어느새 상처를 딛고 일어선 그녀의 밝은 목소리가 귀에 선하다.

  *흰 바람벽: 백석의 시 〈흰 바람벽이 있어〉 인용.

PART 3

고흐의 구두를 보며

　새벽 운동을 가다가 승강기에서 택배를 하거나 신문을 배달하는 젊은이를 자주 만난다. 보이지 않는 곳에서 열심히 일하는 그들이 있기에 사람들은 일상생활을 꾸준하게 유지하고 있는 것이 아닐까.
　열심히 일하는 그들의 닳은 신발을 우연히 바라보며 고흐의 〈구두〉라는 그림이 문득 생각났다. 몇 년 전 고흐 전시회에서 만난 한 그림 앞에서 이제까지 느끼지 못했던 인생의 깊이를 느꼈다. 한 점의 그림에서 눈을 떼지 못하고 가슴에 오래 남아서 문득문득 떠올랐다. 미술관에 가면 보기만 해도 행복하고 즐거워지는 그림도 만나지만 시간이 흐를수록 가슴에 애잔하

Shoes(1886)
Vincent van Gogh(Dutch, 1853-1890)

게 잔영을 남기는 그림도 있다.

　고흐는 삶의 여정을 흙 묻은 구두에 비유해서 그렸다. 신을 대로 신어서 너덜너덜하게 망가진 구두는 그 자신의 모습이라고 비유한다. 낡고 일그러져버린 신발의 표정을 보면서 이 정물이 생명 없는 단순한 사물로 존재하는 것이 아님을 깨닫게 된다. 그는 그 구두를 바라보며 자신의 인생을 들여다보고 자신의 외로움을 그림 속에 남겼을지 모른다. 그래서 그 그림을 한참 동안 보고 있으면 삶의 쓸쓸함과 고단함의 무게에 가슴이 저려온다.

　고흐는 자신이 좋아하는 화가 브르통을 보기 위해 길을 나섰다. 차비가 없던 고흐는 일주일 동안 120km나 되는 거리를 걸어서 브르통의 작업실을 찾아갔다. 그러나 막상 그의 작업실 앞에서 문을 두드릴 용기가 없어 집 주위만 맴돌며 망설이다 고흐는 다시 먼 길을 걸어 돌아와서 그의 헤지고 낡은 구두를 그렸다고 한다.

　고흐는 평생 이때의 쓰라린 기억을 가슴에 품고 살았다고 하는데, 고흐의 구두에는 그런 그의 인생 역정이 묻어 있었다. 그가 그린 낡은 구두의 표정을 보면 인간의 고된 삶과 노동을 느끼게 한다. 구두는 노동을 마친 자의 지치고 고단한 모습이 고즈넉하게 담겨 있다. 고흐에게 구두는 하나의 사물을 드러내는 것이 아니라 삶의 흔적을 드러내는 것이었으며 그의 자화상인 것이다. 그래서 그의 구두에게 외로움과 기나긴 길이 보였으며 견디어 낸 그의 인생이 보였다.

  누렇게 기울어진 저녁 햇살을 배경으로 그려진 이 그림은 보는 이로 하여금 구두에 담긴 이야기를 궁금하게 했으며 우리의 삶도 돌아보게 하였다. 지친 하루를 이끌고 온 우리의 신발에도 사연이 있을 것이다. 우리의 닳은 신발에는 그 나름의 이야기가 있을 것이고, 얼마 전에 구입한 새 신발에도 설렘이 담긴 이야기도 있을 것이다. 인생의 힘든 순간이 있을 때 잠시라도 고흐의 낡은 구두를 생각하면 조금의 희망과 용기를 얻을 수 있지 않을까.

  모두가 잠든 새벽에도 열심히 자신만의 길을 걷고 있는 사람들의 신발을 생각하며 우리 집 현관에 놓인 가족들의 신발을 가만히 매만져본다. "고흐의 구두가 단지 사물이 아니라 삶의 진실을 드러내는 상징이다."라는 하이데거의 말이 생각난다. 많은 사람이 삶을 지탱해주는 인생이라는 신발을 신고 매일매일 익숙한 길과 새로운 길을 힘차게 걸어갔으면 좋겠다.

PART 3

만추, 단풍보다 고운 시를 만나다

  늦가을 아침, 부엌 창밖으로 보이는 가을 산이 이뻐서 창을 열었다. 노란 은행나무들이 눈앞으로 다가왔다. 어느새 은행나무들은 아파트 6층 높이보다 크게 자라서 창가에서 노랗게 불을 밝혀 환했다. 거리는 온통 노란 은행잎으로 덮여 있어 문득 가을 속으로 빠져들고 싶었다. 그렇지 않아도 친구들과 가까운 분들이 보내주는 가을 풍경 사진에 마음이 설레서 가을이 끝나기 전에 직접 만나러 가고 싶었다.

  페이스북에서 고운 단풍 사진들을 보는 순간 마음이 무척 설렜다. 멀리서 가까이서 소식을 전해주신 사람들을 생각하며 사진 한 장마다 담긴 풍경을 소중하게 보았다. 아기단풍 나무의 붉은 손짓과 은행나무의 노란 등불의 유혹에 빠져버렸다.

소중한 일상을 오랜만에 되찾은 날, 가을처럼 깊어진 문우들과 가까운 함안 입곡 공원의 단풍을 보러 가기로 했다. 토요일 정오 무렵이라서 사람들이 많이 없을 줄 알았다. 그런데 길가에 차들이 즐비하게 늘어서 있었고 넓은 주차장에도 빼곡하게 차가 있어 우리 일행은 깜짝 놀랐다. 다행히 광장 끝에 자리가 있어 주차하고 공원으로 향했다.

호수 위에는 단풍처럼 예쁜 오리배들이 한가롭게 떠다니고 있었다. 아이들을 동반한 가족 나들이객으로 공원은 붐볐다. 아이들의 웃음소리가 낙엽 밟는 소리와 함께 정겹게 들려왔다. 모처럼 보는 활기찬 사람들의 모습을 보니 우리들의 발걸음도 흥겨웠다. 낙엽이 수놓은 가을길을 따라 공원 입구에 들어서니 시화전이 열리고 있었다. 사람들이 시화 앞에 서서 시를 읽으며 즐거워하는 모습을 보니 덩달아 기분이 좋아 우리도 다가갔다.

고운 단풍보다 이쁜 시를 만났다. '함안군 찾아가는 문해교실 시화전'에서 어르신들의 시를 전시하고 있었다. 70세부터 90세 어르신의 시화였다. 손수 쓴 글인지 맞춤법도 맞지 않고 글자도 삐뚤하지만 진정성이 있어 보였다. 깊어가는 가을에 만난 어르신들의 시는 세상에 전하는 희망의 메시지였다. 인생의 연

륜과 함께 어우러진 언어가 한 편의 시로 지어진 글들이었다. 친정 엄마도 그랬고 시어머니도 그랬다. 스치듯 지나간 말 한마디가 그토록 감동을 준 순간순간들이 있었다. 지금 생각해보니 부모님의 보석 같은 말들이 우리를 길러주신 것 같다.

  단풍잎은 단풍색으로 물들다 낙엽이 진다. 고운 나뭇잎들은 시간이 흐를수록 이쁘게 바래져 간다. 늦은 가을의 단풍은 초가을의 단풍과 달리 그윽해 보인다. 그윽하다는 것은 겉에서 속까지 익어가면서 깊어진다는 의미이며 시간의 흐름에 따라 바래간다는 의미가 아닐까. 언젠가 시인인 친구가 나에게 보낸 메시지가 아직도 마음에 남아 있다. "너는 곱게 바래가고 있는 것 같아"는 짧은 메시지였는데 그 말은 나에게 긴 울림으로 남았다. 깊은 가을에 어르신들의 시를 한 편 한 편 읽으며 인생의 성숙함으로 고요하게 깊어진 아름다운 가을날의 낙화를 본다. 73세의 어르신이 쓴 〈엄마손〉이란 시 앞에서도 깊어진 가을을 느낀다. 따뜻했고 행복했던 추억이 담긴 고향, 어르신에게 시는 따뜻한 둥지가 되어 준 고향 찾기가 아니었을까.

    어릴 때 우리 엄마손은
    너무 예뻤다 약손이셨다
    착하다고 머리 스다듬는 손

배 아프다고 주물레 주던 손

많이 김치 쭉 째 주는 손

누렁지 글그주든 손

어느 날 무심코 본 엄마손

손가락 마디가 뭉터하고 상처투성이가

되었네

농사일 자식새끼 남편

모든 걱정 불쌍한 엄마

내 손이 이제 엄마손 같다

보고 싶다 우리 엄마

PART 3

봄, 선율에 담은 아버지를 보다

며칠 전 세차게 내리는 봄비에 마음이 애잔했다. 겨우내 봄을 기다렸다가 막 꽃봉오리를 터뜨려 봄을 만나려는 여린 벚꽃 잎들이 속절없이 꽃비로 내렸다. 비 내리는 거리의 사람들 우산 위와, 차 위, 도로 위에서 비에 젖어 떨고 있는 듯한 꽃잎들을 보며 한참 동안 마음이 아팠다.

지난 토요일 진해 흑백다방에서 작은 행사가 열렸다. 진해로 가는 길은 토요일 오후인데도 생각보다 밀리지 않았다. 벚나무 가로수길의 벚꽃들도 생각보다 많이 떨어지지 않아 지난밤 비바람을 이겨낸 나무들에게 마음속으로 찬사를 보냈다.

사람들이 많이 붐비는 중원로터리를 지나 흑백다방으로 향했다. 다소 낡은 듯한 하얀색 벽면의 2층 건물과 초록색으로 덮은 담쟁이가 오는 사람을 먼저 반겨준다. 유택렬 화백이 까치의 이미지에서 따온 '흑백다방'은 진해의 문화예술 무대가 되기도 하고, 문화예술인들의 사랑방 역할을 해온 곳이다. 지금은 '시민 문화 공간 흑백'으로 운영되고 있다. 그곳에 가면 늘 흑백 사진처럼 추억이 떠올려진다.

갓 스물이 된 해, 진해에 사는 같은 과 선배 언니의 초청을 받아 흑백다방에서 커피를 마시며 클래식 음악을 들었다. 그것을 계기로 클래식 음악을 많이 좋아하게 되었으며, 봄이면 가끔 흑백다방에 들렀다. 지금 선배 언니는 서울로 이사를 갔지만 그곳에서 음악을 이야기하고 인생을 이야기했던 선배와 친구들이 흑백사진처럼 그리움으로 다가왔다. 그 후 문학을 하면서 행사 참여로 흑백다방에 대한 발길이 조금씩 잦아졌.

올봄에는 〈고 유택렬 화백 16주년 추모기념회 및 특별연주회〉가 흑백다방에서 열리고 있었다. 지난 비에 꽃잎들이 많이 떨어져 거리는 꽃잎 융단이 깔린 듯 온통 연분홍빛으로 은은하게 빛나고 있었다. 바람에 분분히 날리는 벚꽃잎들은 거리마다 어우러진 사람들과 함께 봄의 향연이 펼쳐진 듯했다. 봄눈처럼 날리는 꽃잎들을 나무 아래서 한참 동안 바라보며 마음껏 봄을 즐겼다. 우울했던 국내외의 모든 소식들은 잠시 잊은 채 오롯이 봄을 즐겼다.

  토요일 오후, 고 유택렬 화백의 둘째 딸 유경아 씨는 흑백다방이라는 주제로 쓴 시인들의 시에 돌아가신 아버지를 그리워하며 만든 피아노곡으로 사모곡과 추모곡을 연주했다. 유 화백은 부적이나 민화, 새를 보며 우리 고유의 멋을 재발견해 내는 작업을 해왔다고 한다. 이번 연주회는 한국의 영혼과 사상이라는 화단의 평가를 받아온 유택렬 화백을 그리워하며 둘째 딸 유경아 씨가 특별 연주회를 연 것이라고 한다.

  사모곡이라고 칭한 곡은 시인이 건네준 시를 보자마자 선율이 떠올라서 작곡하였다고 한다. 〈흑백에서〉라는 김미윤 시인의 시를 보고 사모곡으로 만들었다며 우리들에게 피아노곡으로 들려주었다. 〈먼 사랑〉이라는 시는 며칠 동안 가슴앓이하며 만든 곡이라고 중간중간 작곡에 관한 이야기를 하며 울먹이곤 했다. 먼 사랑이라는 시를 낭독하는 나 역시 가슴이 뭉클했다. 늘 객석에서 연주만 듣다가 무대에 나와 유택렬 화백님의 추모곡인 시를 낭독하는 짧은 시간에 30여 년의 추억이 빠르게 스쳐 지나갔다.

  아버지를 추모하는 마음으로 연주하는 경아 씨의 피아노 선율을 들으며 문득 돌아가신 아버지가 떠올랐다. 살아계실 때 못 다한 효도가 자꾸만 마음에 걸려 그녀가 연주하는 내내 깊은 슬픔을 참아내느라 힘들었다. 선율에 아버지를 담아 연주하는 따님의 모습을 보며 고 유택렬 선생님의 흐뭇해할 모습이 떠올랐다. 유 화백님이 고향을 그리워하며 그린 새들이 그림 속에서 날개를 천천히 펼치며 선율을 따라 날고 있는 듯했다. 그녀는 선율을 따라 아버지를 가슴에 담아내고 봄은 그녀의 선율 따라 흐르고 있었다.

PART 3

어린 왕자를 기다리며

《어린 왕자》 책에서 어린 왕자는 여러 별을 다니던 중 다섯 번째 별에서 가로등을 켜는 사람을 만났다. 그는 매 분마다 가로등을 켜는 일을 하는, 시간에 갇혀 사는 사람이었다. 어린 왕자는 그동안 만난 여러 별에서 왕, 허영심 많은 사람, 술꾼, 사업가 등을 만났다. 왕자는 그들과는 친구가 되고 싶지 않았지만, 가로등 켜는 사람과는 친구가 되길 원했다. 그 이유는 가로등 지기가 바빴지만 자신의 일에 충실하게 전념하기 때문이라고 말했다.

우리는 일상에서 시간에 갇혀 사는 사람들을 많이 본다. 대부분 현대인은 바쁘게 생활하는 것 같다. 나 역시 바쁜 생활을 하기에 때로는 이렇게 살아도 될까 하는 의문을 가지면서도 어쩔 수 없이 바쁘게 살아간다.

직장을 가진 사람이든 직장을 가지지 않은 사람이든 상관없이 시간에 쫓겨 살아가는 것을 자주 본다. 나이가 들면 시간의 여유가 있으리라고 생각했지만, 그 나이대로 나름의 생활을 하느라 여유 없이 살아가는 모습을 본다. 직장, 취미, 종교, 이웃과 친지 관계를 나름대로 유지하려면 자신의 시간과 정성을 들여야 하기 때문에 어쩔 수 없는 현대인들의 생활 모습이다.

 중국 고전 《회남자》에는 '시간이 없어서 공부하지 못한다는 사람은 시간이 있어도 못 한다'라는 글이 나온다. 실제로 우리는 공부뿐 아니라 다른 일들도 시간이 없어서 못 한다는 핑계를 자주 댄다. 그래서 자신에게 가장 중요한 일과 하지 않으면 안 될 일은 무엇인가 생각하며 시간을 설계하려고 애를 쓴다. 대부분 사람은 시간에 쫓겨 살아가지 않으려고 무척 애를 쓰지만 어쩔 수 없이 시간에 쫓긴다.

 하루하루를 바쁘게 지내고 있는 나에게 찰스 램의 이야기는 위안이 되었다. 수필가인 찰스 램은 인도의 한 회사에서 오랫동안 근무했다. 그는 매일 아침 아홉 시에 출근해서 다섯 시까지 줄곧 일해야 했기에 마음대로 글을 쓸 수가 없었다. 그래서 그는 늘 자유롭게 시간을 가질 수 있기를 희망했다. 시간이 많이 지나 그가 정년퇴직하는 날이 되었을 때 그는 자유롭게 글을 쓸 수 있게 되었다고 무척 기뻐했다. 그러나 3년 후 찰스 램

바쁜 가운데서 시간을 알차게 설계하며 해야 할 일과
꼭 하지 않아도 될 일을 분간해서 생활한다면 시간은 우리 편이 되리라 믿는다.
지금 우리의 어린 왕자는 어느 별에 머무르고 있을까.

은 자기의 정년퇴직을 축하해 주던 여직원에게 편지를 보냈다고 한다.

"사람이 하는 일 없이 한가한 것이 눈코 뜰 새 없이 바쁜 것보다 얼마나 못 견딜 노릇인지를 이제야 분명히 알게 되었다오. 바빠서 글 쓸 새가 없다는 사람은 시간이 있어도 글을 쓰지 못하는군요."

언젠가 우리에게 한가한 시간은 찾아올 것이다. 바쁘게 일을 하고 싶어도 할 수 없는 상황도 올 것이다. 그런 상황이 올 때까지 시간의 흐름에 따라 몸을 맡기는 것이 자연의 순리가 아닐까. 시간은 우리를 기다려주지 않을 것이니까. 단지 시간의 감옥은 너무나 견고해서 탈출할 수 없을 것 같지만 그래도 한 번쯤 여유를 가지고 시간의 흐름에 몸을 맡기는 것도 좋은 것 같다. 가장 달콤한 시간은 열심히 일한 뒤에 갖는 휴식시간이라고 한다.

잠시 모든 것을 버려두고 일상을 떠나는 것은 자신을 더욱 견고하게 해 줄 것이다. 열심히 일을 하고 난 후 자신을 비워냄으로써 다시 자신에게 충실함으로써 행복해질 수 있을 것이다. 바쁜 가운데서 시간을 알차게 설계하며 해야 할 일과 꼭 하지 않아도 될 일을 분간해서 생활한다면 시간은 우리 편이 되리라 믿는다. 지금 우리의 어린 왕자는 어느 별에 머무르고 있을까.

PART 3

미소를 잃지 않는 일

'젊음을 보전하는 일과 선을 행하는 일은 쉽다. 일체의 비열한 일로부터 거리를 유지하는 일도. 그렇지만 여전히 미소를 잃지 않는 일, 그것은 배우지 않으면 이루어지지 않는다.' 헤르만 헤세의 말이다.

우리는 살면서 많은 일들을 만난다. 기쁜 일과 슬픈 일, 화가 나는 일 등 무수한 일들 속에서 헤세는 미소를 잃지 말라고 한다. 웃고 싶지 않은 상황 속에서 미소를 잃지 않아야 한다는 것이 위선적이기도 해서 처음에는 그 말이 내키지 않았다. 젊음을 보전하는 일이 미소 짓는 일보다 쉽다고 한다. 예전에는 그 말의 의미도 이해가 가지 않았으나 나이가 들면서 미소를 잃지 않는 일의 진정한 속뜻을 알게 되었다. 어떤 힘든 상황 속에서도 미소를 잃지 않고 초월하며 긍정적으로 살아가라는 의미가 아닐까.

아주 친한 가족이나 친지 친구 등이 하나씩 내 곁을 떠나가거나 깊은 병을 앓고 있다는 소식을 들을 때마다 마음이 아팠다. 고인이 된 친구가 보내 준 책을 읽으며 그녀가 쓴 행간의 언어들이 얼마나 절절했는지 깨달았으며, 순간마다 대상물과 느꼈던 그녀의 심정이 어떠했는지 시간이 갈수록 마음에 다가왔다. 그녀의 심정을 헤아려주지 못한 자신을 반성도 했다.

떠나간 사람들의 기일이 다가오면 심란해진다. 꽃이 지면서 사람도 따라서 지는 것인지 아름다운 오월에 여기저기 들려오는 좋지 않은 소식들에 우울하다. 하지만 그들 앞에서는 슬픈 내색을 하지 않으려 애를 썼다. 웃으면서 "잘될 거야, 괜찮아질 거야" 하며 그들의 등을 토닥이며 위로해 주었다. 그 위로가 허망하며 그들에게 얼마나 위안이 될지는 모르지만 유일하게 내가 해 줄 수 있는 일은 그것뿐이라는 현실이 서글펐다. 창밖 꽃잎들도 바람에 하르르 떨어지고 있었다. 속울음을 삼키고 애써 웃는다는 것이 얼마나 힘든지 경험해 본 사람은 알 것이다. 그들에 대한 위로는 오히려 자신을 위한 위로이며 자신을 버티는 힘이란 것도 아는 사람은 알 것이다.

가까이서 함께 지내 온 지인들이 하나둘 깊은 병을 앓고 있다는 소식이 들려온다. 함께한 사람들이 불현듯 언젠가 곁에 없을지 모른다는 사실이 두렵다. 그들에게 어떤 위로의 말도 위로가 되지 않는다는 것도 잘 알기에 혼자 속앓이하면서 마음이 아팠다. 이런 혼란스러운 상황 속에서 의연한 죽음을 보고 한동안 가슴이 찡해 왔다.

고인이 된 대기업의 어느 회장의 죽음은 대한민국 국민들 가슴에 잔잔한 미소를 남겼다. 평생 남들에게 베풀고 살며 1년 동안 뇌종양으로 투병하면서도 연명치료도 하지 않고 평화롭게 영면한 그의 모습은 많은 사람에게 귀감이 되었을 것이다. 자신이 살아온 삶의 방식대로 장례식도 간소하게 가족장으로 치른 그의 죽음에 관해, 사람들은 감탄을 할 수는 있지만 그와 가족들처럼 의연한 죽음을 실천할 사람이 과연 얼마나 될까. 우리가 삶의 끝을 정할 수 있을까.

그의 죽음을 보며 '자신의 죽음을 생각하라.'라는 의미인 메멘토 모리라는 라틴어 낱말이 떠오른다. 그 말은 '겸손하게 행동하라'라는 의미라고 한다. 삶이 죽음을 견제할 때 오히려 합리적인 삶에 가까워질 것이라고 믿었기 때문이리라.

결국 삶의 여정 속에 겸손하게 살면서 죽음을 준비하고 미소를 잃지 않는다면 생을 아름답게 마감할 것이라는 생각이 든다. '마지막에 웃는 자가 진정한 승리자이다.'라는 독일의 속담이 있다. 마지막에 웃을 수 있는 사람이 되었으면 좋겠다. 그러기 위해서는 헤세의 말처럼 주어진 대상들과 거리를 유지하며 모든 것을 순응하며 겸허하게 살아야 하는 것이 아닐까.

  생에서는 끊임없는 바람이 파도를 만들어간다고 한다. 우리 곁에서 불어오는 바람이 무엇이며 파도는 무엇일까. 세찬 바람이 불 때도 있고 순한 바람이 불 때도 있을 것이다. 바람에 맞서지 말고 순응하며 항해를 한다면 잔잔한 바다가 우리를 맞이하리라 믿는다. 미소를 잃지 않는 일이란 어떤 상황에서도 긍정적인 마음 자세를 가지라는 의미일 것이다.

PART 4
보이지 않는 것 너머의 빛

보이지 않는 것 너머의 빛 | 벼 익는 소리를 듣는 사람들 | 마음의 섬, 지심도 | 환상의 섬 연화도 | 남해 가는 길 | 서북산 탄흔을 찾아서 | 그날의 봄맞이 | AI, 시가 노래가 되어 | 봄빛에 취하다 | 아름다운 준비

PART 4

보이지 않는 것 너머의 빛

 이른 아침 나오시마로 향하는 타카마츠항에는 비가 내렸다. 2월의 겨울비가 촉촉하게 대지를 적시고 항구와 바다에는 해무가 가득했다. 다행히 나오시마로 가는 배는 기분 좋게 출발했다. 비가 내려서인지 우리 회원들도 차분하게 대합실에서 배를 기다렸다. 배에서 바라보는 바다는 몽환적으로 우리를 섬으로 이끌었다. 약간은 설레며 나오시마 미술관 투어가 시작되었다.

 미술관을 하나씩 관람할 때마다 스스로의 존재조차 잊어버릴 수 있는 섬이었다. 적당히 느리게 걸으면서 하나씩 마음을 비워가는, 그래서 점점 발걸음이 가벼워지고 마음마저 가벼워지는 느낌이었다. 그림이나 조각까지도 자연의 일부처럼 느껴지고 나조차 자연의 일부가 되어버린 듯 나를 잊어버리게 되는 섬이었다.

 나오시마는 산업폐기물이 16년간 불법 폐기된 버려진 섬이었다고 한다. 베네세 그룹의 소이치로 회장이 오염물질로 파괴되어 버려진 나오시마를 아름다운 예술과 자연이 어우러진 새로운 공간으로 재탄생시키며 예술의 섬이 되었다고 한다. 우리는 나오시마 내의 6개 폐가를 예술작품으로 재건한 건축물과 베네세 하우스 뮤지엄, 안도 다다오의 지중 미술관, 이우환 미술관 등을 차례로 관람했다.
 나오시마에 있는 미술관은 의외의 장소에서 다른 세상을 만나는 느낌이었다. 미야지마 타츠오의 〈시간의 바다〉는 200년이 지난 폐가를 현대미술로 재탄생시킨 공간이었다. 안방을 작은 바다처럼 만들어 어두운 물속에 설치된 LED 숫자는 색색으로 빛을 밝히며 우리에게 숫자의 의미를 묻고 있었다. 시간이 물속에 갇혀 있는 듯 1에서 9라는 숫자로 봉해져 있는 시간은 현대인에게 무슨 의미가 있을까? 폐허와 현대미술의 어우러짐을 보고 나오니 세찬 비가 내렸다. 빗속에서 우리는 아기자기하면서도 소박하게 꾸며진 골목길을 한참 동안 걸었다.

나오시마에서의 하루는 작품과 함께 숨을 쉰 것 같았다.
바다와 하늘, 빛과 바람과 같은 자연과 어우러졌다.
섬에서의 하루는 결국 내 삶을 다시 바라보게 만들었으며
나를 비추는 또 하나의 거울임을 깨달았다.

마나미데라는 어둠을 체험한 매우 낯선 공간이었다. 마을 주변에 절과 신사가 있는 곳으로 원래 절이 있던 본당을 신축한 곳이라고 한다. 우리는 〈달의 뒤편〉이라는 어둠의 공간으로 들어갔다. 아무것도 보이지 않는 완전한 어둠 속으로 들어가며 공포감마저 느꼈다. 그러나 가만히 기다리다 보면 어둠에 익숙해져서 주변이 조금씩 눈에 들어왔다. 어둠에 잠겨 있다가도 시간의 흐름을 기다리면 어둠을 볼 수 있는 능력이 생긴다는 것을 느낀 색다른 체험이었다.

 지추 미술관은 모네와 안도, 터렐이 시간을 초월해서 한 공간에 머무는 곳이라고 한다. 땅속의 미술관, 그곳에서의 느낌은 자유였다. 보는 것 생각하는 것 모두 보는 이의 자유와 경이로움이었다. 조붓하고 조용한 통로를 따라가다 보면 새로운 공간과 건축, 작품 등이 우리를 자유롭게 이끌었다. 안도 다다오의 건축은 노출 콘크리트에 빛을 도입한 것이었다. 모네의 수련이 빛이 중심이듯 안도와 터렐도 빛을 중심으로 한 작품이었다. 땅속에서 만난 빛의 세계는 우리를 겸허하게 만든다. 우리가 보지 못한 곳에도 빛이 있다는 것을 깨닫게 해주었다.

 이우환 미술관은 건축가 안도 다다오와 경남 함안 출신의 화가 이우환의 협업으로 만들어진 공간이라고 한다. 우리가 그곳에 도착했을 때도 계속 비가 내렸다. 빗속에서 단체 사진을 찍고 미술관으로 향했다. 안도 특유의 노출 콘크리트로 지은 작은 미술관의 담을 따라가면 돌의 끝을 살짝 들어올린 철판이 대리석 콘크리트벽과 삼각구도처럼 만나는 〈조응의 공간〉이 있었다. 비를 맞고 있는 철판에서 빗방울 소리가 음악처럼 들렸다. 비를 맞아 녹이 슨 철판과 큰 바윗돌이 서로 마주보며 무언의 대화를 하는 듯 보였다. 미술관 안으로 들어가니 점과 선, 바람, 조응 등의 화두를 담고 있는 평면 작품 7점이 있는 〈만남의 방〉에서 그의 여정을 만날 수 있었다. 일본 나오시마 섬에서 만난 이우환의 작품들은 정겨웠으며 자랑스러움으로 우리를 공명으로 이끌었다.

베네세 하우스는 미술관과 호텔이 함께 있는 종합공간이라고 한다. 이곳의 미술관도 땅속에 있었다. 그러나 유리창 너머의 풍경과 함께하는 자유로운 설치미술에 한결 마음이 편했다. 안도 다다오의 설계에 쿠넬리스라는 아티스트가 선택한 소재는 물에 떠내려온 나무 등 일상적인 소재여서 친숙함을 주었다. 가장 아쉬웠던 점이 베네세 미술관 전체를 돌아볼 수 있는 기회를 가지고 못하고 나오시마를 떠나야 하는 점이었다.

그런 아쉬움이 있기에 나오시마는 늘 마음속에 다시 가보고 싶은 장소 중 하나로 남겨두었다. 나오시마에서의 하루는 작품과 함께 숨을 쉰 것 같았다. 바다와 하늘, 빛과 바람과 같은 자연과 어우러졌다. 섬에서의 하루는 결국 내 삶을 다시 바라보게 만들었으며 나를 비추는 또 하나의 거울임을 깨달았다.

나오시마는 우리에게 무한한 상상력을 주는 곳이며 많은 것을 비우고 올 수 있는 곳이다. 그 섬에 다시 가고 싶다.

PART 4

벼 익는 소리를 듣는 사람들

 지난해 12월 라오스로 봉사활동을 다녀왔다. 바쁘게 산다는 핑계로 매번 미루었지만 이번 라오스행은 의미 있는 여행인 것 같아 강행했다. 많은 일들이 나 아니면 안 될 것 같고, 손에 쥐고 있는 것이 많은 것 같아서이다. 주변을 둘러보니 선뜻 떠나기가 힘들었다. 하지만 잠시 마음의 여유를 가지고 뭔가에 이끌린 듯 라오스로 떠나기로 했다.

 사실 라오스는 예전부터 가고 싶은 나라 중 하나였다. 라오스의 국민총생산GNP은 최저지만 행복지수만큼은 세계 1위로 선정된 국가라고 한다. 라오스 사람들의 행복지수가 1위로 선정된 연유를 알고 싶었다. 라오스 사람들을 직접 만나고 싶었으며 그들의 눈빛을 보고 싶었다.

　창원 K방송국 시청자위원회 중 한 분이 10여 년간 말없이 라오스에서 봉사활동을 하고 있었다. 시청자위원회 회의가 있는 날이면 봉사활동의 보람과 기쁨을 늘 말해주었다. 그 분이 라오스에 있는 방비엥 칸막 초등학교와 유치원에 식수가 어려워 우물을 몇 개 파주면서 봉사활동을 하자고 제의를 했다. 프랑스 식민지 시대에 한 프랑스인은 "베트남 사람들은 벼를 심고, 캄보디아 사람들은 벼가 자라는 것을 보며, 라오스 사람들은 벼 익는 소리를 듣는다"고 말했다. '벼 익는 소리를 듣는 라오스 사람들', 생각만 해도 시적이고 여유로운 사람이라는 것을 알 수 있는 표현이다. 무엇보다 그 말의 의미가 내 마음속 깊이 다가왔으며 여유로운 그들을 보고 싶었다.

　벼는 시간이 흘러야 알곡으로 여물어간다. 벼 익는 소리를 듣는다는 것은 눈에 보이지 않는 과정을 존중하고 기다릴 줄 아는 삶의 지혜를 말하는 것이 아닐까.

　라오스에서 인상 깊었던 것 중 하나는 소금마을의 풍경과 그곳 아이들이었다. 방비엥으로 가기 전에 들렀던 소금마을 풍경은 너무나 인상적이어서 아직도 마음에 머물러 있다. 바다가 없는 나라에서 소금마을을 볼 수 있다는 것만으로 가슴이 설렜다. 그곳은 아주 오래전부터 소금 덩어리인 돌이 암염을 이루고 있어. 땅 밑에서 지하수를 끌어올려서 볕 좋은 날, 염전을 통해 소금물을 끓이거나 자연 건조해 소금을 얻는다고 한다.

소금마을에 도착하자 아이들이 "안녕하세요?"라며 익숙한 한국말로 인사하며 다가왔다. 마주친 아이들 눈은 유난히 깊고 맑았다. 학용품이나 과자 등을 버스에 두고 내린 우리 일행은 빈손으로 아이들을 대하는 것이 미안했다. 하지만 아이들은 아랑곳하지 않고 우리에게 가까이 다가와 밝은 미소를 지으며 사진을 찍고 소금마을을 함께 둘러보았다.

염전에서 나오는 하얀 연기가 마을을 덮는 몽환적인 분위기를 자아냈으며, 붉은색 흙 위에서 닭과 개들이 사람들과 공존하는 듯 자유롭게 어우러져 다니는 곳이었다. 어른들과 아이들은 모두 우리와 함께 마을을 다니며 상냥하게 안내해주었다. 처음 보았지만 오래전에 알았던 사람처럼 친숙하게 다가왔다. 마지막에 수줍은 웃음으로 우리를 배웅해 주었는데 그들의 맑은 눈빛을 지금도 잊을 수가 없다.

다섯 시간이나 승합차를 타고 방비엥으로 가는 동안 소들도 차와 함께 도로로 다녔다. 그러나 운전자들은 서로 양보하여 기다리기도 하며, 화를 내는 사람은 거의 볼 수 없었다. 그들은 잘 다투지도 않는다고 현지인이 말한다. 주어진 환경에 만족하며 욕심도 많이 내지 않으니, 삶에 만족하며 살아간다고 한다.

마치 시간을 거슬러 과거의 순간에 머문 듯했다. 그래서 각국 사람들이 라오스로 오고 싶어하는 것일까. 자신이 가진 모든 것을 잠시나마 내려놓고 그들의 생활방식과 여유를 배우고 싶어서이리라.

칸막 초등학교와 유치원 기공식에는 많은 동네 사람들이 참석하였는데, 한결같이 순박하고 웃음이 많은 이들이었다. 라오스에 머무는 동안 열악한 환경에도 순수하고 밝게 살아가는 사람들을 보며 행복지수 1순위의 비결이 무엇인지 어렴풋이 알게 되었다.

물질적으로는 넉넉하지 않지만 소소한 기쁨에서 풍요를 느끼는 사람들이었다. 그들은 서두르지 않고 벼가 익어가는 소리를 삶이 자라는 소리로 들을 줄 아는 사람들이었다.

PART 4

마음의 섬, 지심도

마음의 섬, 지심도只心島.

지난해 4월 처음 가본 지심도는 이미 동백꽃은 다 졌지만 붉게 깔린 꽃길을 걸을 수 있었다. 땅에 떨어져도 당당함과 아름다운 빛을 잃지 않는 동백꽃 오솔길은 환상적이었다. 올해는 첫 배를 타고 섬으로 향했다. 설렘으로 가득한 마음을 안고 동백나무 숲길로 발걸음을 옮겼다. 내심 동백꽃을 기대하였는데 꽃이 만개하기는 이른 시기여서인지 꽃은 많이 피지 않았지만 낯익은 풍경으로 반겨주었다.

동백나무 숲길은 손님을 맞이하려고 깨끗하게 청소한 듯 말끔했다. 새벽비가 그치고 바람비가 쓸어 놓은 것 같은 오솔길

여유로우면서도 시간이 멈춘 듯해서 단지 마음만 있으면 되는 섬이 지심도이다.
한번 다녀오고도 오랫동안 마음에 남아 있는 섬.
다녀오고 나서야 마음의 섬인 지심도를 알게 되었다.

을 우리는 기분 좋게 걸었다. 비에 씻긴 동백잎은 햇살을 받아 윤기를 내며 반짝이고 있었다. 겨울나무 사이로 숨겨진 사념들, 머뭇거림을 더듬어 본다. "나 여기 있어요"라며 사람들의 눈길과 발길을 사로잡는다. 가지마다 핀 꽃눈에는 많은 꽃들이 봄을 준비하고 있었다. 마치 봄을 기다리고 있는 사람들의 마음을 보는 듯하다. 축제를 앞둔 폭죽들이 축제를 준비하듯, 얼마 지나지 않으면 나무마다 폭죽처럼 활짝 피어 방문객들의 마음을 사로잡으리라.

지심도에 가면 모든 것이 벗이 된다. 바다와 파도, 동백과 동박새, 후박나무, 대나무 숲과 바람이 어우러져 벗이 된다. 동백나무에 덩굴식물인 송악이 감아 올라가는 모습을 보며 더불어 사는 모습에 한참 동안 눈길이 머물렀다. 어울림과 더불어 사는 삶이 있는 섬이다. 길가의 낮은 풀잎들의 살랑거림조차 기분을 좋게 한다.

지심도에는 마음으로 보는 풍경과 마음으로 듣는 소리가 있다. 조용한 숲길에는 여러 가지 소리를 낮은 몸짓으로 보여준다. 동박새가 동백꽃과 사랑을 속삭이는 소리, 여기저기서 조심스럽게 꽃망울을 터뜨리는 소리, 꽃봉오리가 조금씩 자라는 소리, 댓잎끼리 스치며 쓰다듬는 소리, 동백꽃이 떨어지는 소리들이 하모니를 이룬다. 소리가 소리를 낳고 봄을 기다리는 마음이 희망을 낳는 소리로 들린다.

 바람이 불어도 바람 소리가 들리지 않는 숲길 옆에는 대나무 숲이 있었다. 대나무 숲은 세찬 바람을 걸러주어 순한 바람으로 만들어준다. 그래서 여린 풀들도 잘 자라는 섬이다. 바다를 향해 뻗어 있는 나무 사이를 걸으면 어느새 사람도 바다를 향하게 된다. 보이지 않는 것이 보이고 들리지 않는 것이 들리는 섬, 무엇인지 존재하지만 존재하지 않는 듯한, 아무것도 없는 것 같지만 지천에 있는 듯한 섬.

 섬은 실제 모습이 더 아름답다는 것을 지심도에 오면 느낀다. 오솔길이 곳곳에 이어져 섬으로 들어갈수록 모든 것이 멈춘 듯했다. 일상에서 잡고 있던 모든 것을 잠시 내려놓고 멈춤과 쉼이 있는 여행을 하고 돌아오면 몇 달간 행복하리라. 지심도는 밖에서 보는 것보다 직접 만나보면 오래된 벗을 보는 것 같아 푸근해진다. 숲으로 들어갈수록 동백꽃이 숨겨진 보물처럼 고개를 살짝 내밀고 있다. 고결한 사랑이라는 꽃말이 떠올랐다. 섬 중턱 양지에는 제법 꽃망울을 많이 터뜨린 동백나무를 볼 수 있었다. 곁에 있는 매화나무도 꽃망울을 하나둘 열고 있었다. 그러고 보니 우리가 간 날은 봄이 온다는 입춘이었다.

 동박새 부리가 화살표라고 생각하라고 말한 선장의 말을 떠올리며 갈림길에서 이정표를 본다. 미지의 숲속으로 들어가면 아픈 역사의 흔적도 마주하게 된다. 지심도에서는 일제강점기 역사의 흔적을 곳곳에서 만날 수 있다. 지금도 일본군의 포진지, 방공호, 국일기 게양대 등 아픈 역사를 간직하고 있다. 동백나무 터널을 지나 전망대에 가면 시야가 트인 바다와 해식애와 여까지 만날 수 있다. 현재와 과거가 공존하고 해안선 절벽 아래 여가 모습을 드러내고 있다. 문득 여의 숨겨진 마음을 엿보고 싶었다.

지심도에서 얻은 가장 큰 선물은 내 마음에도 작은 섬 하나 있고, 그 속에 여가 있을 것이라는 사실이다. 내 마음의 섬에 닿으면 고요와 위로가 오래도록 마음을 밝히고 다시 일상으로 돌아가는 나를 부드럽게 감싸줄 것이다.

여유로우면서도 시간이 멈춘 듯해서 단지 마음만 있으면 되는 섬이 지심도이다. 한번 다녀오고도 오랫동안 마음에 남아있는 섬. 다녀오고 나서야 마음의 섬인 지심도를 알게 되었다.

PART 4

환상의 섬 연화도

연꽃섬인 연화도는 오래전부터 가고 싶은 섬이었다. 연꽃을 떠올리게 하는 연화도로 문학기행을 다녀왔다. 통영여객선 터미널에서 1시간 정도 배를 타고 달려가야 연화도에 닿았다. 연화도는 예전에 욕지도로 가면서 배가 잠시 정박해서 보았던 섬이다. 스쳐 지나간 섬이어서인지 언젠가 연화도에 가리라고 마음을 먹었었다.

섬 전체가 온통 연꽃 세상이었다. 산봉우리인 연화봉과 그에 얽힌 연화도사 전설, 연화사, 연화리라는 마을, 연화분교 등 연꽃은 어디서나 볼 수 있었다. 연화도에 얽힌 이야기를 듣고 연화사 가는 길로 접어들었다.

연화사 가는 길에 연화분교가 보였다. 연화분교는 통영의 원량초등학교의 분교 중 하나라고 한다. 작은 운동장에는 초록의 잔디가 깔려 있었으며, 붉은 양비귀꽃들이 6월 바람에 살랑거리며 우리의 발걸음을 멈추게 했다. 운동장 곳곳에 양비귀 꽃 무리들이 피어 있어 폐교라고 믿기지 않을 정도로 소담스럽고 예뻤다. 낡은 듯한 교사도 자그마하면서도 깔끔했다. 세월이 쌓인 기억의 정원 같으면서 마치 수줍은 소녀의 모습 같았다. 지금은 고요하지만 한때는 아이들의 웃음소리가 가득했던 곳이었을 것이다. 시간이 멈추고 사람은 떠났어도 기억은 그 자리에 남아 있는 듯했다.

영화에 나온 풍경보다 더 예쁜 모습으로 우리를 유혹하는 이름도 고운 연화분교. 마침 점심 무렵이라 우리는 운동장 옆 나무 그늘 아래 자리를 잡고 가지고 온 도시락과 과일 등을 풀었다. 점심을 먹으며 연화분교의 모습을 찬찬히 살펴보았다. 작은 정원도 거닐고 운동장도 거닐어보면서 연화도의 첫 모습에 호감을 가졌다. 바람에 흔들리는 빨간 양귀비 꽃잎 사이로 오래된 종소리가 들리는 것 같았다.

학교 앞에 이정표가 있었는데 한쪽은 산림욕장으로 가는 길이고, 다른 쪽은 연화사와 보덕암으로 이어진 길이었다. 우리는 연화사로 향했다. 길 아래로는 연화천이라는 하천이 흐르고 있었다. 연화천을 따라 조금 올라가니 연화사가 보였다. 대웅전과 함께 오른쪽에 대형 사리탑이 눈에 들어왔다. 대웅전의 벽면 그림을 감상하고 있는데 연화사 9층 석탑 앞에서 산사에 울려 퍼지는 풍경 소리가 들려왔다.

  연화도는 이름부터가 불교와 인연이 깊은 섬이란 것을 알았지만 유래를 살펴보면 다음과 같은 이야기가 있다. 조선 중기 억불정책으로 한양에서 이 섬으로 피신해 온 고승이 수도 증진하다가 깨우침을 얻어 득도하였다고 전해진다. 고승이 죽은 후 유언에 따라 수장하였는데, 그 자리에 연꽃이 피어올라 연화도라 칭하였다고 한다. 그 이후 사명대사가 속가에서 인연을 맺었던 3명의 여승과 이 섬에 들어와 함께 기도하며 여생을 보냈다는 이야기도 전해져 내려온다. 대사의 누이 보운, 약혼녀 보련, 대사를 짝사랑했던 보월. 이들은 나중에 모두 비구니가 되어 도를 닦았다. 연화도에는 지금도 보운, 보련, 보월의 길이 남아 있다고 한다. 언잰가 다시 온다면 그 길도 걷고 싶었다.

  우리 일행은 연화사를 둘러보고 수국길로 접어들었다. 아직 수국이 피기 이른 시기였는지 수국꽃은 활짝 피지 않았지만 온통 수국 꽃봉오리들이 맺혀 있어 환상적이었다. 그래서 이 길을 수국길이라고 하고 환상의 섬이라고 하나 보다. 길을 걷다 보니 얼굴에 닿는 바람조차 조용히 말을 걸어주었다. 수국은

겹겹이 연꽃의 봉오리 같은 연화도.
소중한 무엇인가를 두고 온 것 같고 아직도 나를 기다릴 것 같은
여운이 남는 그 섬에 다시 가고 싶다.

좋아하는 꽃 중 하나이다. 조금만 시일을 늦추어 왔다면 수국 꽃이 활짝 핀 길을 걸을 수 있을 것 같아 많이 아쉬웠다. 활짝 핀 보랏빛, 분홍빛, 하늘빛 수국 꽃잎 사이로 걸어가는 나의 모습을 상상하며 꽃길을 걸었다.

  다시 갈림길이 나왔다. 우리는 바다를 보면서 해안의 멋진 풍광을 보고 걸었다. 어느새 출렁다리가 멀리서 보였다. 험준한 협곡에 놓인 연화도 출렁다리는 연화도 일대의 절경을 조망할 수 있는 새로운 명소라고 할 만했다. 이곳에서 기암괴석과 바다의 멋진 풍광을 볼 수 있었다. 이 다리를 건너면 용머리 전망대까지 갈 수 있다고 하는데 우리는 아쉽게 발길을 돌려야 했다. 뱃시간이 얼마 남지 않아 서둘러 선착장으로 향했다. 출렁다리 아래로 동두마을이라는 작은 어촌 마을이 보였다. 용머리 해안은 통영 8경에 속할 정도로 아름답다며 그곳을 꼭 보고 가라는 주위 사람들의 이야기를 들었지만 다음 여행을 기약하며 배에 올랐다.

  겹겹이 연꽃의 봉오리 같은 연화도. 소중한 무엇인가를 두고 온 것 같고 아직도 나를 기다릴 것 같은 여운이 남는 그 섬에 다시 가고 싶다. 연인과 같은 환상적인 섬의 속삭임이 들리는 것 같다.

PART 4

남해 가는 길

 남해 가는 길은 언제나 푸근했으며 행복했다는 기억이 난다. 여행은 누구와 함께 가느냐가 무척 중요한 것 같다. 풍광 좋고 멋진 장소를 좋은 사람들과 함께 가는 길은 언제나 행복하다. 먼 길도 가까운 것처럼 느껴지는 길이 남해 가는 길이다. 곳곳에 보물이 숨겨 있는 듯한 남해. 바다와 산, 아름다운 섬, 다랭이마을, 독일마을 등 어린 시절 보물찾기를 하듯 보물섬의 곳곳을 다녀왔다.

 신혼 시절 남편 친구들과 처음으로 부부 동반 여행을 한 곳은 남해의 미조항이었다. 미조는 이름부터가 예뻐서 여행 가는 차 안에서부터 설렘을 주었다. 눈길 닿는 곳, 발길 닿는 곳마다

남해의 시간 여행은 다채로운 장소와
다양한 사람들을 만난 시간을 건너는 대화인 것이다.
시간이 켜켜이 쌓여 있어 추억의 한 켜를 벗기면
그리움 한 켜를 만날 수 있는 곳이다.

펼쳐진 풍광은 선물 같았다. 미조 가는 길에 만난 파란 바다와 연초록 다랑논의 정겨운 모습은 지금도 눈에 선하다. 지금도 미조를 떠올리면 미소가 저절로 지어지는 곳이다.

 남해군 최남단에 위치한 가장 큰 항구인 미조는 거제의 외포와 부산 기장과 함께 멸치잡이로 유명하다며, 창선이 고향이라는 일행 중 한 명이 말해 주었다. 미조를 지나면 송정 솔바람해변과 설리 해수욕장, 상주은모래비치, 욕지도 사량도 등으로 갈 수 있다며 자세히 안내해 주었다. 남해는 마을 이름이나 섬, 해수욕장의 이름들이 예뻤다. 가보지 않아도 예쁠 것 같고 마음이 푸근할 것 같은 곳이다. 혼자 여행을 와도 늘 행복하고 언제나 반겨줄 것 같은 곳이 남해이다. 그래서인지 남해는 내 마음에 가장 많이 들어온 곳 중의 하나이고 지금까지 수십 번이나 온 곳이다.

 우리는 아름다운 미조항에 도착해서 예약해 둔 민박집을 찾았다. 미조마을의 정겨운 골목길도 어렴풋이 생각난다. 민박집에서 짐을 풀고 민박집 아저씨가 안내해준 바다가 보이는 해안가에 두 개의 큰 텐트를 쳤다. 미조는 미륵의 도움을 받아 풍요한 마을이 된다는 의미라고 말해주는 민박집 아주머니의 순박하면서도 친절한 모습도 생각난다. 민박집에서 준 생선으로 매운탕을 끓이고 우리 일행이 마련해 간 재료로 부침개와 고기를 굽는 등 분주한 저녁 차림을 해서 민박집 평상에 둘러앉아 저녁을 먹으며 많이 웃었다. 저녁을 먹고 우리는 마을 골목길과 해안으로 미조마을을 둘러보러 길을 나섰다.

  밤에는 바다에 마련해 둔 텐트로 가서 밤바다를 즐기기로 했다. 그런데 갑자기 비가 내리고 천둥과 번개까지 치는 바람에 해안가에서 즐기려는 우리의 계획은 무산되어 아쉬웠다. 번개 때문인지 미조항은 정전이 되어 깜깜했지만 우리들은 텐트 안에서 작은 랜턴을 켜고 밤바다의 파도 소리를 들었다. 지금도 텐트 속에서 들은 세찬 빗소리와 비 내리는 미조항의 모습을 잊지 못한다. 그래서 가장 오래 내 기억에 남고 언제나 가고 싶은 여행지가 되었다.

  창선에 사는 친구 일행 덕분에 우리 모임은 계절마다 차근차근 남해를 섭렵했다. 보물찾기처럼 가는 곳마다 새로운 보물들을 찾아보는 즐거움이 있는 곳이 남해이다. 아이들이 성장하면서 함께 자주 찾았던 추억이 서려 있는 곳, 시어머님과 시이모님을 모시고 함께 파도타기를 하며 아이들과 까르르 웃었던 곳, 남편과 독일마을을 온종일 둘러보며 독일마을의 속살을 들여다보았던 곳, 막내를 임신하고 기도드리러 갔던 남해 금산의 보리암, 상주해수욕장의 은빛 모래밭과 밤바다의 조개를 마음껏 캐었던 곳. 남해에서 아직도 우리 가족을 기다리고 있는 선배 문인 선생님 등 내 인생의 많은 추억이 서려 있고 따스한 기억만 남아 있는 곳이 남해이다.

　장소는 기억을 부른다. 살아가면서 고향처럼 따스한 장소를 지니고 있는 사람은 행복한 사람이다. 사람의 기억 속에 간직된 장소는 지금의 우리를 만들어 온 것 같다. 어떤 것이든지 경험한 것을 느끼지 못하는 것은 나를 서서히 잃어버리고 사는 것인지 모른다. 남해의 시간 여행은 다채로운 장소와 다양한 사람들을 만난 시간을 건너는 대화인 것이다. 시간이 켜켜이 쌓여 있어 추억의 한 켜를 벗기면 그리움 한 켜를 만날 수 있는 곳이다. 언제나 반겨주고 나를 기다리고 있다는 느낌을 가진 장소가 있다는 것은 좋은 동반자가 있다는 느낌이 아닐까. 늘 나에게 말을 걸어주는 친구 같은 장소가 있어 참 좋다.

PART 4

서북산 탄흔을 찾아서

 가을이 깊어질 무렵 등산을 갔다. 여느 등산과 다른, 한국전쟁의 흔적을 찾는 등산이어서 떠나기 전날부터 마음이 경건해졌다. 낙동강 전투가 치열할 때 함안 여항산과 서북산에 숨어든 인민군들을 우리 국군들이 소탕하려고 치열하게 싸워 지켜낸 서북산 전투의 탄흔을 찾아 나서는 산행이다.
 오전에 서북산 가는 길목 주차장에서 함께 산행하는 일행들을 만났다. 늘 한국전쟁에 관심이 많아 저서도 여러 권 발간한 ㅂ 선생님, 한국전쟁에 직접 참전하여 전쟁의 흔적을 찾는 분, 그리고 이번 산행에 관심이 많은 몇 명의 문인들이었다. ㅂ 선생님은 한국전쟁의 탄흔을 찾기 위해 두 번이나 서북산을 찾았다면서 여든이 넘은 나이에도 앞장서서 산행을 시작하였다. 군복을 입고 산행을 하는 분들을 보며 사명감마저 들었다.

산행하기 좋은 날씨였다. 가을산의 단풍과 가을 햇살이 우리를 반겨주었다. 산길은 사람들이 잘 다니지 않아 낙엽이 덮여 있었다. 발목까지 밟히는 낙엽이 푹신했다. 지팡이로 낙엽을 헤치며 산을 오르기 시작했다. 가장 앞장선 분이 지팡이로 낙엽을 치우며 우리를 안내했다. 그 뒤로 내가 따르면서 나머지 낙엽을 치우자 산길이 만들어졌다. 산은 오르는 것보다 내려오는 것이 더 위험하다고 한다. 특히 낙엽이 쌓인 산길은 미끄러지기 쉽다며 뒤에 따라오는 사람들을 위해 길을 만들며 가는 분의 배려가 고마웠다. 길을 만들면서 가는 산행은 처음이어서 더욱 의미가 있었다. 산으로 올라갈수록 치열했던 전투의 기운이 서려 있는 듯했다. 길도 보이지 않고 리본 달린 나무들도 보이지 않아 자칫 길을 잃을까 두렵기조차 했다. 하지만 뜻을 같이한 선생님들이 계셔서 든든했다.

낙엽이 쌓여 바스락거리며 걷는 산길은 바깥의 모든 시름을 잊게 하고 오롯이 자연의 소리만 있는 곳이었다. 산길을 오르면서 나무나 바위에 있는 탄흔을 살펴보려고 헤매기도 했다. 탄흔을 찾는 동안 머릿속에 전쟁의 모습이 연상되었다. 전쟁의 흔적이 가득한 산에서 국군과 인민군들의 쫓고 쫓기는 모습이 보였다. 서북산은 19번이나 고지를 뺏기고 뺏긴 치열했던 격전지였다고 한다. 큰 바위나 둥치가 있는 나무 뒤에서 총탄을 피해 숨어 있었을 체구가 작은 인민군들이 떨고 있는 모습이 연상되었다. 수많은 군인들이 전투를 하고 있는 모습이 눈에 선했다. 그들이 숨어 있을 만한 큰 나무마다 총탄의 흔적이 있는지 자세히 보면서 올라갔다. 사람들이 잘 다니지 않는 길이어서 바위마다 오래된 이끼들이 세월의 흔적 따라 층층이 쌓여 있는 진귀한 모습을 한참 들여다보았다.

우리가 쉬지 않고 올라온 길을 뒤돌아보니 길마다 고운 빛의 단풍이 가을 햇살을 받아 빛나고 있었다. 큰 나무마다 총탄 흔적을 찾으며 올라왔으나 탄흔은 잘 보이지 않았다. 그러나 몇몇 선생님은 나무에서 탄흔을 찾았다. 세월이 많이 흘렀지만 나무들은 그날의 흔적을 간직하고 있었으며, 때로는 총알이 그대로 박힌 채 나무는 자라고 있었다. 우리는 전쟁의 상흔을 잊고 있지만 지금 우리가 누리고 있는 평화를 위해 얼마나 많은 군인들과 유엔군들의 희생이 있었는지 새삼 깨달았다.

정상 가까이 가니 큰 바위들이 보였다. 바위를 가만히 살펴보자니 바위 뒤에 숨어 있을 인민군과 소탕하려는 국군들의 추격전이 떠올랐다. 여기저기 큰 바위를 살피다가 누워 있는 큰 바위를 발견했다. 비스듬히 누워 있는 바위 아래는 사람이 숨기 좋을 만한 장소였다. 내가 바위를 둘러보면서 "내가 쫓기는 자라면 여기 꼭 숨을 것 같아요."라는 말을 선배 문인에게 했다. 우리는 잠시 바위 위와 아랫부분을 살펴보았다. 자세히 살펴보니 바위에 동그란 자국들이 많이 발견되었다. 무척 놀라웠지만 서글픔도 밀려왔다. 함께 산행한 선생님들을 불렀다.

함께 서북산을 오르고 있었던 여러 분들이 모였고 ㅂ선생님과 친구분은 총알이 아니라 수류탄이 터져서 파편 자국이 여러 곳으로 퍼진 흔적이라고 하셨다. 선생님들은 많은 탄흔을 찾았다며 기뻐하셨다. 의미 있는 산행에 내가 한몫을 한 것 같아 뿌듯했다. 세어보니 열일곱 개의 탄흔이었다. 사진을 찍고 바위 주변에 혹시 있을지 모르는 파편을 찾기 위해 땅을 파헤쳤다. 얼마 동안 주변 땅을 파다가 파편을 발견하지 못하고 다시 정상으로 향했다. 정상으로 오르면서 한동안 슬픔에 잠겼다. 바위 아래 숨어 있던 작은 체구의 인민군이 떠올랐다. 그리고 살며시 다가간 군인의 수류탄에 두 사람 모두 쓰러졌을 장면이 떠올랐다. 잠시 묵념했다. 산행을 하면서 전쟁의 여러 장면들이 오버랩되면서 전쟁이 주는 민족의 슬픔이 떠올랐다.

드디어 서북산 정상에 도착하였다. 그곳에는 서북산 전적비가 있었다. 주한 미8군 사령관 리처드 티몬스 중장과 국군 제39사단 장병과 주민들이 이 비를 세웠다고 한다. 서북산은

1950년 8월 낙동강 방어전투가 한창일 때 미군 제5연대가 주둔했다고 한다. 미군과 인민군은 19번의 고지를 빼앗고 뺏기는 격전을 치렀으며 결국 5연대는 마산을 거쳐 부산으로 가려던 인민군 6사단을 격퇴했다. 이 전투에서 중대장 로버트 티몬스 대위와 장병 100여 명이 산화했다고 한다. 전쟁이 끝나고 당시 7살이었던 티몬스 대위의 아들인 리처드 티몬스가 주한 미8군 사령관이 되어 한국에 와서 서북산에 흩어진 아버지와 미군의 유해를 발굴했다고 한다. 티몬스 부자의 이야기는 우리에게 깊은 감동을 주었다. 우리는 가지고 간 과일을 놓고 우리나라를 위해 희생한 군인들을 위해 추모를 했다.

산길을 내려오면서 한국전쟁의 비극과 티몬스 부자의 감동적인 이야기로 자꾸만 발걸음이 떨어지지 않았다. 예전에 ㅂ선생님이 발견했던 나무의 탄흔도 보았다. 선명하게 총알 흔적이 동그랗게 남아 있는 나무들을 보며 끝나지 않은 전쟁의 비극에 가슴이 아렸다. 산행이라기보다 전쟁의 아픔을 가득 안고 내려왔다. 산을 거의 내려왔을 무렵 큰 바위를 만났다. 멀리서 보았지만 바위 아래 선명하게 남아 있는 동그란 총탄 자국 서너 개를 다시 발견한 것이다. 탄흔 속에 숨어 있는 전쟁의 흔적이 지는 해를 따라 내 마음도 붉게 물들이고 있었다.

PART 4

그날의 봄맞이

  비 내리는 가을, 천주산의 고즈넉한 오솔길에 매료되어 길을 걸었다. 나는 오솔길을 좋아한다. 길 가까이 있는 풀잎의 스침과 낙엽의 바스락거리는 소리, 발바닥에 닿는 폭신한 촉감의 흙길, 길 가까이 나무들의 향기와 느낌을 좋아한다.

  지난가을, '3·15의거 60주년 기념 시민과 함께하는 민주열사 추모길 걷기 대회'에 참여했다. 민주 묘지 광장에 모여 천주산 누리길 편백숲으로 향했다. 마침 내리던 비는 그치고 춥지 않아 걷기에는 좋은 날씨였다. 비가 내려 산길에는 떨어진 낙엽과 함께 늦가을의 향기가 낙엽 냄새를 따라 흠씬 내 마음으로 스며 들어왔다. 보통 산행과 다른 추모길이어서 몇 주 전부터 마음이 달랐다. 의미 있는 걷기 대회였기에 경건하고 차분한 마음이었다.

 발자국 없는 사람들만 모였다/ 일어설 수 없어/ 등 구부린 사람들만 모여/ 읽지 말라는 시집 오적을 읽으며/ 먹지 말라는 밥 먹으며/ 부르지 말라는 노래를 불렀다// 한 계절이 비껴날 때마다/ 사라진 한 끼 밥/ 대신 퍼 먹으며/ 더 작은 골방으로/ 더 깊은 골목으로 들어갔다// 군용 담요 아래 발가락들이/ 채 피지 못하고 떨어진/ 자목련으로 시들던 창밖/ 소리 없이 하나씩/ 지워졌던 발자국이/ 또박또박 가슴에 찍혔던// 봄이 오면/ 봄 맞으러 가야지/ 흠씬 두들겨 맞으러//

—〈봄맞이〉 전문

 40여 년 전 10월의 오후, 3·15의거탑 앞에서 열린 대학생들의 모임에서 맨 앞에서 구호를 외치던 나의 모습이 보였다. 당시 대학 1학년 그해 봄부터 친구의 다락방에서 민주화를 위해 대학생 몇몇이 모여 책을 읽고 서울에서 가져온 유인물을 나눠 보며 나라 걱정을 했다. 위의 시 〈봄맞이〉는 그 당시 겪은 일을 적은 시이다.

 그날도 골목길 끝에 있는 친구 집에서 모임이 있어 책도 읽고 토론도 했다. 그날 모임에 갔다가 김지하 시인의 《오적》이란 책을 들고 나오다가 형사에게 쫓겼. 깜짝 놀란 우리는 각자 흩어졌다. 나는 골목길 열린 대문으로 들어가 남의 집 창고에 한참 동안 숨어 있다가 발자국 소리가 멀어져서야 안도의 숨을 쉬며 집으로 돌아왔다. 남성동 어린 왕자라는 카페에서 사복 경찰의 눈을 피해 공부하던 일, 사랑방이란 책방에서 선배들에게 이야기 들으며 시국 걱정을 했던 일 등, 지난날의 모습들이 주마등처럼 뇌리를 스쳐갔다. 그러다 함께 공부했던 선배 몇 명이 붙잡혀 수감되거나 고문을 당하여 힘든 상황에 처해 있다는 소식을 들었다.

형사에게 쫓기다 돌아온 날, 암으로 투병중인 엄마의 모습을 보고서야 엄마를 안으며 결심했다. 그날 내가 형사에게 잡혀 집으로 돌아오지 않았다면 엄마는 악화되어 다시는 못 볼 수 있겠다는 생각이 들었다. 그동안 아픈 엄마가 보이지 않았던 나는 무척 슬펐다. 엄마의 투병에 신경 쓰겠다며 집으로 돌아온 그날, 내가 가진 많은 유인물과 책을 태우며 결심했다. 그러면서 봄이 오면 늘 죄책감에 사로잡혀 봄에게 두들겨 맞고 싶었다. 그래서 봄맞이란 시를 썼다. 아슬아슬했던 순간들이 많았던 굴곡진 20대 초반이었다.

한참 동안 그날의 기억에 잠기며 산길을 걷고 있는데 정자가 보였다. 그곳에는 3·15의거 당시의 모습이 담긴 흑백 사진들이 전시되어 있었다. 빨간 베고니아 꽃잎만 보아도 가슴이 아팠고, 무학초등학교 담벼락 총탄 흔적만 보아도 그날의 함성이 들리는 것 같아 눈시울이 붉어졌다. 해설사 한 분이 사진마다 서린 그날의 사연들을 설명해 주었다. 그날의 산행은 오롯이 추모의 기억 공간이었다. 아무에게도 아무것에도 방해받지 않는 늦가을이 주는 선물 같은 시간이었다. 길에 깔린 낙엽도 바스락 소리조차 내지 않고 온전히 가을을 가만히 내어주었다.

역사는 기억하려고 하는 자와 기억을 막으려 하는 자의 대립이며 연속적인 시간인 것 같다. 기억은 사라지거나 억지로 막아지는 것은 아닌 것 같다. 40년이 지난 그날의 기억이 이번 추모길 걷기를 통해서 더욱 생생하게 떠오르고 있었다. 기억은 역사를 호명하고 역사가 우리 영혼 속에 기록될 때 의미가 있다는 어느 분의 말이 절실하게 다가온다. 겨울이 오기 전에 의미 있는 추모길 걷기는 내 인생에서 잊을 수 없는 또 하나의 기억의 공간으로 남을 것이다.

PART 4

AI, 시가 노래가 되어

 어느 날 낯선 손길이 다가와 내 시에 노래라는 새 생명을 불어넣었다. AI가 시를 노래로 만들어준다는 말은 처음엔 흥미가 없었다. 하지만 실제로 내 시가 노래 되어 귀에 들려왔을 때 무엇인가 벅차오르는 감정을 느꼈다. 마치 친구가 오랜 침묵을 깨고 말을 거는 듯했다. 내 시집 속에 누워 있던 시어들이 하나 둘씩 일어나 노래가 되어 내게 속삭이기 시작했다. 책 속에서 조용히 잠자고 있던 시들이 이제는 목소리를 얻고 리듬을 얻어 새로운 세상과 만나게 되었다. 내가 적은 문장 하나하나가 숨을 쉬고 울고 웃으며 내게 말을 걸어왔다. 그 말들은 한때 미처 말하지 못했던 것들이기도 했다.

그들의 속삭임은 멜로디를 타고 가슴으로 스며들었다. 그것은 활자가 아닌 살아 있는 목소리였다. 내 시가, 언어가, 감정이 알 수 없는 다양한 색으로 피어나는 한 송이 꽃이었다는 사실에 스스로 감동했다. 감격스러웠던 순간은 어느 노랫말 끝에서 미처 알지 못했던 나의 속마음을 AI 가수 목소리를 통해 듣게 되었을 때였다. AI는 시를 읽고, 내가 요구한 지시어의 내용대로 그 언어에 알맞은 화성을 입히고 멜로디를 얹어주었다.

내가 기획한 노래는 누군가에게는 그저 단순한 음악일지 몰라도 나에게는 소중한 기억의 노래였다. 시가 노래가 되어 다시 나를 찾아오는 일은 작은 축제였다. 시는 AI를 통해서 언제든 내가 만든 노래가 될 수 있으며, 또 다른 사람의 마음에 닿을 수 있었다. 누군가 내가 만든 노래를 부르고 그 멜로디를 흥얼거리다 그 시가 품은 슬픔과 기쁨을 느낄지 모른다.

AI가 만들어준 노래는 단지 기술이 만들어낸 소리가 아니었다. 그 노래 속에서 이전보다 더 생동감 있게 살아 있는 내가 있었다. AI라는 기계에 따뜻한 언어를 담았을 때 사람이 사람에게 가닿지 못했던 순간에 시의 다리를 건너 멜로디를 타고 멀리 나아가고 있었다. 그 기술은 기억의 공명이며, 감정의 되울림이고 시간 너머의 노래가 되었다. AI가 만든 음악 속에서 시와 내가 다시 만났으며, 거기에는 또 다른 누군가가 있을 것이다. 그 노래를 듣고 마음 한켠이 짠해지는 사람, 그 사람에게 내 시는 또 다른 이야기가 되어 흐를 것이다.

  우리는 지금, 새로운 시대를 살아가고 있다. 기술과 예술이 만날 때 우리는 늘 기계와 가능성 사이에서 고민하며 혼란스러워한다. AI는 데이터와 알고리즘으로 작동하는 기술적 산물이며 진화의 매개체이지만 존재로서 우리를 위협할 수도 있다. 문명의 전환이 온 것이다. 우리는 어떤 창을 통해 그런 기술을 보며 변화해야 할 것이다. 그는 디지털 동반자이며 먼 듯 가까운 친구일 수 있을 것이다. 그래서 기계와 대화를 잘해야 하며, 답이 없는 것에 올바른 질문을 할 수 있어야 한다고 말한다. 어린 왕자가 장미 대신 AI라는 친구 옆에 서서 별들을 보고 있는 것처럼 우리는 여러 별을 찾아다니는 또 다른 어린 왕자일지 모른다. 현대판 어린 왕자가 AI 친구를 찾는 이유는 다양할 것이다. 어린 왕자가 여우에게 길들이는 방법을 배웠던 것처럼 아직은 낯선 친구인 AI와 어떻게 교감하고 친구가 될 수 있을지 한 걸음씩 다가가야 하지 않을까.

  블루투스에서는 최근에 만든 내 시를 가사로 한 노래가 AI의 음색을 타고 흘러나오고 있다. 남성 보컬과 여성 보컬의 부드러운 감성의 발라드풍의 노래가 감미롭게 흘러나오고 있다.

해를 보며 자란다/ 하나는 늪에 떨어지고/
또 하나는 해를 보며/ 별똥별처럼 늪으로/ 떨어지는 말밤//

해를 보며/ 고개 들고/ 햇살 따라 몸을 틀며//

밤이면 스미는 별빛조차/ 좇으며 자라는 생生이 있어/
가장 낮은 곳에서/ 가장 밝은 곳 바라보며//

늪에 있다는 것은/ 단지 뿌리가 닿는 자리일 뿐/
해를 보는 마음은/ 어둠에도 잠기지 않는 말밤//

해는 언제나 멀고/ 늪은 고요하고 깊지만/
해를 보며 자라는 마름

—〈늪 속에서도 자라는 마름〉, 배소희

PART 4

봄빛에 취하다

　며칠째 비가 내렸다. 곳곳에 벚꽃의 이른 개화 소식으로 온통 거리가 벚꽃 향연이었는데, 연일 여름비 같은 봄비가 내려 아쉬운 봄이 가고 있었다. 우리가 함안 입곡군립공원을 찾은 그날은 며칠 동안의 비 끝에 햇살이 숨은 흐린 날이었다. 벚꽃들이 비에 다 져버리지 않았을까 걱정이 되었다. 그러나 그것은 기우였다. 군립공원 가는 길 입구부터 벚꽃 가로수가 환하게 우리를 반겨주었다. 이곳은 바깥의 분주한 세상과는 다르게 봄이 더디게 오는 곳이었다. 아름다운 것은 은밀한 곳에 숨겨 놓고 찾아오는 이에게만 보여주는 것 같다.
　벚나무 가로수길 왼쪽에는 저수지가 시작되는데 제법 긴 저수지라는 생각이 들었다. 이 저수지는 일제 강점기에 농업용수로로 사용하기 위해 협곡을 가로막아 만든 저수지라고 한다. 주차장에서 내리면 저수지 곳곳에 자리 잡고 앉아 낚싯대를 드리운 강태공들의 한가로운 모습을 볼 수 있다. 마치 봄을 낚고 있는 듯한 모습이다.

산림욕장 입구에 들어서자 새소리가 먼저 우리를 반겨주었다. 참새 한 마리가 멀지 않은 곳에서 먹이를 먹다 우리의 발자국 소리를 듣고 나뭇가지 위로 푸드득 몸을 숨긴다. 잠시 미안했다. 입구에서부터 새와 나무들의 마중에 눈과 귀가 환히 씻긴 듯하고 마음마저 투명하였다. 막 태어난 아기의 손처럼 부드럽고 여린 잎의 옹송그린 모습을 보며 어느새 마음은 동심으로 빠져든다. 온통 연둣빛으로 물든 산, 나무들이 저마다 초록의 다양한 색상들을 머금다가 뿜어낸 듯한 봄빛에 아찔함마저 느낀다. 엊그제 내린 비로 바위틈으로 물이 뚝뚝 떨어지고 흙도 촉촉하게 젖어 있어 새싹마다 싱그럽다. 온통 봄이 숨 쉬고 있는 것 같은 오솔길이다.

단풍나무 오솔길 따라 유모차를 끌고 가는 아기 엄마들의 모습이 다정스럽다. 아기들 얼굴들이 봄같이 환하다. 건너편 산등성이에는 진달래꽃이 만발하여 도로 위의 벚꽃과 어우러진 물그림자가 한 폭의 수채화 같아 오솔길을 걷는 즐거움을 더하

게 한다. 오는 봄의 풍요를 마음껏 느낄 수 있는 곳이다. 숲길의 낮은 곳에서 눈길을 끄는 야생화들이 다가오는 봄과 여름의 풍경을 먼저 알려준다. 석창포, 원추리, 앵초, 벌개미취, 용머리 등 이름만큼 정겨운 들꽃이다.

어린 날 노랑나비를 쫓아가던 날처럼 팔랑거리는 나비들을 따라 길을 걷다 보면, 내가 나비가 되기도 하고 내 속의 내가 악수를 청하기도 한다. 자연은 말없이 우리에게 많은 것을 가르쳐 준다. 나무가 시며 야생화가 시다. 마음 깊은 곳에서 길어 올린 위로의 손길은 숲이 주는 특별한 선물이다. 숲길로 걸어갈수록 무심하고 평온한 마음마저 든다.

작은 위안을 받으며 숲길로 빨려 들어가듯이 걸어가다 보면 오솔길이 끝나는 즈음에는 출렁다리가 눈에 들어온다. 저수지를 횡단하는 이 다리는 주탑과 주탑 사이가 가장 긴 다리라고 한다.

자연에는 질서가 있는 것 같다. 시간과 공간의 질서가 꽃차례처럼 지켜진다. 저수지의 벚꽃이 지고 나면 꽃봉오리를 맺고 있는 산도화가 활짝 필 것이다. 그리고 각종 야생화와 배롱나무와 백일홍이 다양한 얼굴로 여름 방문객을 맞이하며, 가을의 아름다운 단풍길을 준비할 것이다. 입곡 저수지는 새벽, 비 오는 날, 햇살 맑은 날의 풍광이 제각각 달라서 다른 얼굴과 다른 향기로 수채화를 보여주는 곳이다. 자연은 가까이 다가갈수록 보는 이들을 겸손하게 한다.

입곡공원에서 10분 정도 차를 달리면 괴산리에 경남유형문화재인 무진정無盡亭이라는 정자가 있다. 봄 햇살이 새순들과 이야기를 나누듯 햇살 받은 연둣빛 새순들의 푸름이 가득한 곳이었다. '무엇도 남기지 않고 다한다.'라는 이름처럼 무진정은 소박한 모습이었다. 무진정은 조선시대의 정원 형태를 따라 만들어 놓은 곳이다. 작은 언덕 위에 자리한 무진정은 세 개의 인공 섬과 한 개의 정자를 품은 연못을 굽어보고 있었다.

이 정자는 조선시대 문신인 무진 조삼 선생이 후진 양성을 하며 여생을 보내기 위해 직접 건립하였으며, 자신의 호를 따서 무진정無盡亭이라 이름 지었다고 한다. 일제강점기 때 명당을 훼손해 풍수학적으로 이 정자의 맥을 끊으려고 하는 것을 문중 어른들이 지켜내어 지금의 모습을 간직하고 있다고 한다.

온몸으로 세월을 지켜낸 고목을 보며, 봄의 기운은 외물外物에 휩쓸리기보다 마음속으로부터 차오르는 봄기운이 중요하다는 한시 〈춘설유감春雪有感〉이 떠오른다. 무진정의 고목 아래 내 안의 봄을 느낀다.

PART 4

아름다운 준비

 가을비 그치고 바람비가 쓸어 놓은 것 같은 길을 걸었다. 비에 씻긴 동백잎은 햇살을 받아 윤기를 내며 반짝이고 있었다. 나무 사이로 숨겨진 사념들, 머뭇거림을 더듬어 본다. 그러다 동백꽃의 많은 꽃눈을 보았다. 불그스름하고 여린 꽃잎들이 겹겹이 싸인 꽃눈들이었다. 꽃망울처럼 달려 있었는데, 그냥 지나쳐 보았던 나의 무심함에 미안한 생각이 들었다. 문득 겨울 나무의 겨울나기가 걱정되었다.

 늦은 가을 나뭇잎들이 떨어질 무렵 동백나무는 꽃눈과 잎눈으로 이듬해 꽃과 잎을 준비하고 있었다. 동백나무는 잎자루마다 꽃망울을 달며, 꽃눈은 여름부터 준비한다는 말을 들었는데, 가을이 오니 확연하게 커져 있었으며 붉은 꽃잎을 품고 있었다. 동백나무의 겨울나기는 꽃이 진 날부터 시작된 것이다. 가지마다 핀 꽃눈과 잎눈은 다가올 겨울의 붉은 꽃과 봄의 푸른 잎을 준비하고 있었다. 은밀하게 붉은 숨을 결집하는 동백의 꽃눈과 겹겹이 잎으로 말려 있는 잎눈. 보이지 않고 들리지 않지만, 그들은 조용히 안으로 성장하고 있었다. 오랜 시간 준비하며 꽃을 피우지만 꽃이 지는 것은 잠깐이다. 절정에서 툭 하고 미련을 남기지 않고 꽃송이 그대로 깨끗이 진다. 고결한 사랑이라는 꽃말을 지닌 의미답게 겸손하다. 올망졸망 달린 꽃눈을 보며, 여린 꽃망울이 머무는 시간 동안 기온이 많이 떨어지지 않기를 기원해본다.

꽃눈 속에 숨겨진 모습에서 보이지 않는 꽃을 보고, 체관의 미세한 소리에서 은밀하게 숨겨진 나무의 모습이 보인다. 하나하나의 대상을 자세히 관찰하면 사물의 존재가 그려진다. 마음의 눈으로 보고 마음의 귀로 들어야만 볼 수 있고 들을 수 있나 보다. 겨울 숲 땅속 깊이에서 따뜻한 봄을 기다리는 뿌리들과 봄을 준비하는 꽃눈의 침묵을 가만히 듣는다. 좋은 날을 준비하는 나무들의 목소리가 조곤조곤 들리는 가을이다.

서걱거리는 말들이 오고 가고

말들이 흘러간 자리마다

휘어진 시간

활자 위 행간마다

꽃무릇처럼 붉어진 무리들

꽃이 먼저 핀 자리에

잎은 보이지 않고

꽃자리 자리마다 꽃차례

오랜 망설임 끝 방점 찍어

어깨에 가벼운 깃털 하나

살풋 내려앉은 듯

손끝에 남아 있는

온기 하나로도 좋은 날

―〈온기 하나로도 좋은 날〉 전문

겨울 숲 땅속 깊이에서 따뜻한 봄을 기다리는 뿌리들과
봄을 준비하는 꽃눈의 침묵을 가만히 듣는다.
좋은 날을 준비하는 나무들의 목소리가 조곤조곤 들리는 가을이다.

경남산문선 97

풀등의 꿈

배소희 수필집

1쇄 펴낸날 2025년 8월 30일

지은이 배 소 희
펴낸이 오 하 룡

펴낸곳 도서출판 경남
주 소 창원시 마산합포구 몽고정길 2-1
연락처 (055)245-8818
이메일 gnbook@empas.com
출판등록 제1985-100001호(1985. 5. 6.)
편집팀 오태민 심경애 구도희

ISBN 979-11-6746-196-4-03810

ⓒ배소희

* 이 책은 경상남도 경남문화예술진흥원의 문화예술지원을
  보조받아 발간되었습니다.
* 잘못된 책은 바꿔 드립니다.
* 저자와 협의 인지 생략합니다.

값 15,000원